如何听
如何说

How to Speak How to Listen

高效能沟通的逻辑与秘诀

[美] 莫提默·艾德勒 著
王留成 译

中信出版集团 | 北京

图书在版编目（CIP）数据

如何听如何说：高效能沟通的逻辑与秘诀 /（美）
莫提默·艾德勒著；王留成译．-- 北京：中信出版社，
2020.5（2022.6重印）
书名原文：How To Speak How to Listen
ISBN 978-7-5217-1609-2

Ⅰ．①如… Ⅱ．①莫… ②王… Ⅲ．①人际关系－语
言艺术－通俗读物 Ⅳ．① C912.13-49

中国版本图书馆 CIP 数据核字（2020）第 034543 号

如何听如何说——高效能沟通的逻辑与秘诀

著　　者：［美］莫提默·艾德勒
译　　者：王留成
出版发行：中信出版集团股份有限公司
（北京市朝阳区惠新东街甲 4 号富盛大厦 2 座　邮编　100029）
承 印 者：北京通州皇家印刷厂

开　　本：880mm × 1230mm　1/32　　印　　张：8.5　　字　　数：154 千字
版　　次：2020 年 5 月第 1 版　　印　　次：2022 年 6 月第 3 次印刷
京权图字：01-2019-3204
书　　号：ISBN 978-7-5217-1609-2
定　　价：48.00 元

目录

第四篇 · 双向式对话

结　语

附　录

第一篇

开场白

第一章

如此妙计无处学

1

你知道怎么走进别人的内心世界吗？当你尝试走进那人的内心世界时，他又该做何回应？

我们有时会通过哭泣，或者做出面部表情、手势，或者发出一些其他的肢体信号，但更多的时候，是通过使用语言来实现与他人心灵的互动交流——更具体一点来说，互动的一方靠写和说，另一方则靠读和听。

听、说、读、写，语言的这四种运用方式又可划分为两对平行的组合：写和读是一组，听和说是一组。显然，每一组的两种运用之间又是相辅相成的：如果无人阅读，写作就无意义；如果无人倾听，便纵有千种风情，更与何人说？

我们都知道，有些人非常擅长写作，不管是基于天生的禀赋还是基于后天的努力练习，或者兼而有之，反正他们总是能比别人写得更好。但是无论多么能写的人，如果他的作品落到不善阅读的人手里，也不会产生任何效果。众所周知，阅读能力不是与生俱来的，而是需要训练的，而有些人的阅读技巧要远远高于别人。

读、写如此，听、说亦然。有些人可能很有天赋，能够成为比别人更好的演说家，但还必须多加学习和练习，才能使这种天赋得到充分发挥。同样，想要拥有过人的倾听能力，如果不是天赋异禀，那么就要认认真真地多加训练。

总之，人与人之间的沟通和交流需要听、说、读、写这四种截然不同的活动来实现，而要达到理想的沟通效果，对听、说、读、写中的每一种，你都需要具备出色的技巧。这些技巧中，有多少是学校教过你的呢？又有多少是你的孩子正在被教授的呢？

或许你会脱口而出，你在学校学了阅读和写作，你的孩子也正在学这些。或许，你也会立即再补充一句：虽然受到的这些教育还不能让人完全满意，但至少在小学阶段，学校在阅读和写作教育方面所做的努力还是值得肯定的。

尤其是写作，这方面的课程并不会随着小学阶段的结束而结束，相反，直到高中甚至大学的早期都还会有很多写作课程。但是，阅读方面的课程就很少有超过小学阶段的了。这显然非常不应该，仅仅是小学阶段教授的那些基础的阅读技巧，对理解那些最值得阅读的优秀著作来说是远远不够的。也正因为如此，四十年前我撰写了那本《如何阅读一本书》，旨在提供一些远在小学程度以上的阅读技巧，以弥补中学、大学教育在这些方面的不足。

对“说”的指导又是什么情况呢？我怀疑，没有人记得在小学阶段曾经得到过像写作和阅读训练那样的关于说话技巧的指导。事实上，除了部分中学和大学开设的一些诸如“公开演讲课”之类，以及为那些有语言障碍的人开设的特殊语言课程之外，再没有任何关于说话的一般性、通用性技巧培训课程了。

我们再来看看有关如何听的教育情况。有什么人或者什么地方对你进行如何听的培训吗？似乎大家都想当然地认为，倾听的能力是我们人类与生俱来的，根本不需要任何培训。这真是不可思议！这样的现实也让人无法想象：在整个教育过程中，没有任何阶段在指导人们如何更好地倾听方面做出努力——至少能够实现听说循环的闭合，从而更好地通过口头语言进行交流。

造成如此不可思议、无法想象的局面的原因是，“听”和

“说”这两种基本不被教授的技能，事实上比阅读和写作更难掌握，也更难教授。至于为何如此，且让我慢慢道来。

我们经常会看到，总是有人抱怨现在的中学甚至大学毕业生读写技能水平低，而很少有人抱怨他们的听与说的水平。其实，虽然那些完成了十二年甚至更长时间学业的学生的写作与阅读水平较低，但他们的说话水平要更低一些，而他们的倾听水平又往往是最低的。

2

在古腾堡发明印刷机之前的时代，人们受到的教育中，听和说所占的比重是远超过读和写的。这种情况也是不得已而为之。毕竟，在没有印刷书且手抄本只是极少数人拥有的奢侈品的时代，那些有机会受到教育的人，不管是跟着私人老师学习，还是在古典时代的学院学习，或者是在中世纪的大学学习，都只能依靠恭恭敬敬地倾听老师的讲解学习知识，概莫能外。

在中世纪的大学里，虽然老师也被称为“讲师”，但和我们现在经常用的“讲师”的内涵是完全不同的。在那时候的课堂上，只有老师才拥有一本书的手抄副本，其中包含着上课时所要讲授的知识及相关解读。因此，正如“讲课”（lecture）这一词汇的词源所表示的，讲课的过程就包括大声朗诵一段讲义，并适时穿插一些点评。在这个过程中，不管学生们学到了什么，都是靠一丝不苟地听讲来学习的。故此，他们越懂得倾听的技巧，越会听课，才能学到越多的知识。

在中世纪的著名大学中，诸如牛津大学、剑桥大学、巴黎大学、帕多瓦大学和科隆大学等，基础教育均包括古人们称为“文科”的艺术和技巧性知识培训。这些艺术技巧包括两部分，一部分和语言运用相关，另一部分和算术运算、数学符号使用相关。

中世纪的大学秉承了柏拉图和亚里士多德的理论。柏拉图和亚里士多德认为，语法学、修辞学和逻辑学是学习掌握听、说、读、写这些语言运用技巧的必备课程，而算术、几何、音乐和天文学则是学好测量、计算和估算的基础学科。

语法、修辞、逻辑、算术、几何、音乐和天文，就是七门文科课程，那些中世纪的大学生只有熟练掌握“文科七艺”才能获得文科学士学位。拥有“学士”学位并不意味着他们是对婚姻奥秘一窍不通的未婚男性，① 相反，这意味着他们已经接受了足够多的基础教育，已经有能力去学习法律、医学或神学等

---

① “学士”的英文单词 bachelor 还有未婚男子、单身汉的意思。——译者注

更高阶段的大学课程了。

更准确地说，在中世纪的大学，学士学位只不过是张准入证，是一张进入更高学习阶段的通行证。它不代表学位持有人已满腹经纶、学有所成，它仅仅意味着他们成功掌握了学习的技能，以及运用语言和其他符号的技能。

今天，虽有很多人谈起“文科”或“文科教育”，但他们并不了解这一概念在古典时期和中世纪的教育体系中的真实内涵，以及它曾经在我们如今称为“基础教育”的阶段所起到的重要作用。

究其根源，一个重要的原因就是，在现代教育体系的发展过程中，传统的那种文科教育已经逐渐消失了。

随手翻翻美国的教育机构在18世纪的课程表，你仍然能从中找到语法、修辞和逻辑等课程，说明这些内容在当时仍被视为语言运用的技艺，即使不包括听，也仍包括了说、读、写。

可是到了19世纪末期，修辞和逻辑就从基础教育中被剔除了，只有语法课程被保留下来。而到了20世纪，连语法课程也慢慢消失了，只剩下一些零零散散的相关知识。

今天，基础教育中那些传统的文科课程被英语教学取代了。那些所谓的英语老师，不仅教授基础的阅读技巧，还教授基础及高阶的写作技巧。然而可悲的是，在高阶写作课程中，他们往往沉溺于所谓的“创新写作手法”，却忽略了观念的传达——包括想法、知识及理解等。听、说教育方面的情况往往更糟糕，虽然某些学生得到过一些公开演讲方面的培训，但要掌握高效演说的所有技巧，那些培训是远远不够的。至于倾听能力，则正如我反复强调的，完全没有任何相关课程给以指导。

3

那些抱怨目前的大学、中学毕业生阅读和写作水平低下的人，陷入了一个错误的假设里，那就是只要补齐了短板，则万事大吉。在他们的错误幻觉里，一个人如果学会了阅读和写作，那么他就自然而然地掌握了听和说的精髓。事实却远非如此简单。

事实上，虽然都是语言的具体运用，但听、说是和读、写有着根本性区别的。这种区别导致充分掌握听、说的技巧往往更为困难。这背后的深层原因且听我细细分解。

从表面上看，听、说似乎和读、写呈现一种非常完美的平行关系。这两组活动都涉及语言的运用，都是一方通过语言把自己的思想传递给另一方，而另一方也借由语言予以回应。如果一个人能通过写作的方式很好地传达自己的思想，为什么换成说话的方式就困难重重了？同样，如果一个人能够很好地阅读文本并做出回应，又为什么不能很好地倾听并回应讲话者呢？

造成这种现象的原因就在于口头交流具有流动性和流畅性。我们在读一本书时，可以翻来覆去地读，然后把它理解得更好，并借此不断提高自己的阅读能力，所谓“读书百遍，其义自见”。我自己在阅读伟大的著作时，往往就是这样。

在写作中，人们也可以对自己的作品进行反复修订，直到尽善尽美。一般情况下，作者在对自己写的东西感到满意之前，无须勉强给别人看。这也是我撰写书稿或者一些其他文稿的经验。

无论是阅读还是写作，你必须了解的关键技巧，在于你要知道如何提高阅读和写作能力，而这个关键技巧，对提高听说能力毫无帮助。因为听和说的过程是转瞬即逝、一闪而过的，像表演艺术；阅读和写作则更像绘画和雕刻艺术，产生的作品具有永恒性。

那些表演艺术，比如戏剧表演、芭蕾舞、乐器演奏或交响乐表演，一旦曲终人散，无论舞台呈现是好是坏，都无法再改变。当然，艺术家可以在之后的表演中调整完善，但一旦站上舞台，他只能尽可能地在表演期间做到尽善尽美。当大幕缓缓落下，一切便已成定局，再也无法更改。

听和说的情形恰恰就是这样。一言既出，驷马难追。你不可能收回你说出口的话，进行修改后再讲出。但我们写作时，如果不满意，可以重新再写，直到满意为止。与写作不同，说话的过程永远是进行时，话一出口，就覆水难收。而如果一个正在说话的人，尝试收回刚说过的话，往往只能导致他的表达更加混乱，反倒不如听之任之。

当然我们可以在发言之前反复修订一篇演讲稿，但这篇演讲稿也无非是写出来的文稿。即兴演讲或临时发言则完全不在此列。

一个人可以努力在下一次讲话时表现得更好，但一旦开口说话，无论他发挥如何，都只能如此了。同样，你也无法改变某次已经过去的听讲的效果，你听到了多少就是多少，听到了什么也就是什么。

写作人员至少可以期冀他的读者们，通过多读几遍来准确理解文字所传递的信息，但说话的人却无法抱此奢望。他们必须想方设法组织自己所要表达的内容，使听众在第一次听到时就能最大程度地理解。听和说在时间上是同步进行的，听到的必然是正在说的，说一结束，听也便同时终止。而阅读和写作却几乎没有任何时间限制。

4

正是考虑到读与写、听与说这两组行为的巨大差别，我在完成《如何阅读一本书》这部著作之后，并没有立刻着手写一部教导大家如何去倾听的姊妹篇。相对于教人如何阅读，教导大家如何更好地倾听无疑是一项艰难得多的任务，以致我一拖就是四十多年。如今，我想我无论如何不能再拖下去了。因为，我已越发深刻地认识到，大众在倾听方面的技巧缺陷是很普遍，并且显而易见的。

当我们在阐述改善阅读水平的规则和指导意见时，有可能完全无须谈及如何改善写作。我在撰写《如何阅读一本书》时，遵循的正是这一原则。在该书中，我主要关注的是如何阅读那些最好的、堪称经典的著作，而那些著作从写作质量上来看，当然也都是一流的。

当我们将目光从写作转向口头表述时，我们面对的将是完全不同的情况。阅读和写作教学可以分开，就像目前的学校都分开设置阅读课程和写作课程一样。但听说技巧的教学工作必须结合在一起，像阅读和写作那样分开设置几无可能，毕竟，最普遍、最重要的听说方式是谈话或对话，在这种双向活动中，参与的双方都既是讲话者又是倾听者，兼任双重角色。

当然，那种连续性发言的“说”是另一回事，这种表演技巧不需要“听”的技巧就可以获得。与此类似的是缄默式倾听，这种技巧也无须顾及有关“说”的艺术。但是，如果想掌握对话的技巧，比如谈话或讨论，就必须同时学习如何听、如何说了。

第二章

个体化行为与社会化行为

1

在如何对待别人的想法上，我们的行为既可能是个体化的，也可能是社会化的。当我们享受着自由的时光，追寻宝贵的乐趣时，我们的行为同样既可能是个体化的，也可能是社会化的。我们既可以独自一人，形影相吊，也可以与人为伴，共享光阴。

而当人与人之间进行思想的交流互动时，这种行为则基本都是社会化的，而绝少是个体化的了。思想层面的个体化行为，只限于那些不涉及其他思想个体的活动。比如，我们可以独自研究自然现象，独自考察我们赖以生存的社会制度，独自探索过去、遥想未来。

当然，我们也可以独自阅读，独自写作。事实上，我们人类大多数的读写活动都是独自一人待在安静的书房里，在书桌前、扶手椅上完成的。诚然，写作的过程就是把自己的思想传递给别人的过程，阅读的过程就是通过作者笔下的文字认识作者思想的过程，但这些也并不能说明读写活动是社会化的。

与大多属于个体化行为的读写活动相反，人类的听说活动则只能是社会化的，而绝无可能是个体化的。听说活动总是需要听说双方同时在场。讲话者在同倾听者说话时，倾听者就在现场；倾听者在听讲话者说话时，讲话者也就在现场。这也正是导致听说活动比读写活动复杂得多的原因之一，同时也导致听说活动更难驾驭，更难掌握，更难学好。

尽管听说活动是社会化的，但这种社会化特征可能会被弱化或强化。当听说双方的某一方受到压制时，听说活动的社会化特征就会被弱化。在这种情况下，说话的一方变成连续性发言，而倾听的一方则变成缄默式倾听。这就像单行道，所有的车辆只能朝着同一个方向行进。

类似的情境还有很多，比如，公开演讲时，向董事会、委员会汇报工作时，老师给学生们做讲座时，公职候选人向全体选民发表正式的政治演说时，晚宴上为哗众取宠而滔滔不绝地致辞时，等等。这些形形色色的场景都是“单行道”式的。

电视出现以后，那些公开演讲、讲座和政治演说更加能够不受人打扰地传播给沉默的听众们，且这些沉默的听众的范围随着电视的普及大大地扩展了。而当这些沉默的听众身处这些连续性发言的现场时，单行道就往往可能变成双行道：原本沉默的听众可能会向讲演者提几个问题，或者对刚听到的演讲内容发表一些个人的看法，并期望得到讲演者的反馈。显然，呆坐在电视机屏幕前是无法得到这种互动机会的。

当连续性发言和缄默式倾听的听说方式，被谈话、讨论或对话等听说方式取代时，听、说的社会化特征不但不会减弱，反而会被大大强化。这里要注意，我刚刚提到的“谈话”（talk）、“讨论”（discussion）和“对话”（conversation）这三个词的意思是有共同之处的，它们甚至可以相互替代。三者的共同之处就是听说双方的关系是双行道式而非单行道式，说话者同时又是倾听者，倾听者同时又是说话者，两者的角色关系在整个过程中会随时切换、互换。

2

在我最初打算撰写本书时，本想把书名定为《如何听如何谈》（*How to Talk and How to Listen*）。但我很快就意识到，尽管人们在谈话时必须说话，但人们在说话时却未必有谈话发生。我们“对着”他人说话，而一旦我们同时也需要听对方在说什么，就变成“跟”别人谈话了。我们常说“来，我们一起谈谈吧”，却不会说“来，我们一起说说吧”。

有时候，“谈话”这个词会被错误地用作“发言”（speech）的同义词。比如有人会说，“有人让我去谈个话”，这种说法显然是错误的，应该是“有人让我去发个言”。严格地说，你是不可能去给人“谈话”的，你只能同某个人谈话，但是你却可以“发言”，哪怕你的听众只是心不在焉地听你讲。

相比“谈话”，“讨论”这个词一般不会被用错。我们使用“讨论”这个词时，总是指代那种双行道式的，倾听者和说话者随时会进行身份切换的场景。

而“讨论”和“对话”的区别在于：讨论是一种特殊的对话，一般具有有限甚至确定的主题、明确的目标，其过程也受到目标的引导和限制。所有的讨论都可称为对话，但并非所有的对话都是讨论。当一场对话没有明确的目标、方向时，那这种对话就不能被称为讨论了。

在本书中，“对话”这个词将会出现得最为频繁，因为它的含义最广，应用也最为广泛，既包括处于一个极端的主题明确、控制严格的“讨论”（甚至包括正式的辩论、论战等），又包括处于另一极端的最散漫无聊的闲谈（比如鸡尾酒会上的闲聊，或者其他各种形式的无聊闲扯）。在这范围之内，所有的沟通都可以被称为“对话”。

除了“对话”之外，还有一个词是“交流”（communication）。不过“交流”一词是社会学家和电子学专家们口中的专业术语，在电子学领域，他们甚至精心炮制了一套“通信理论”。[①] 幸运的是，从来没有一套“对话理论”，因此对于这两个词语，我个人更偏爱“对话”，而不是“交流”。

说到交流，在动物之间也存在各种各样的交流，但它们绝不会进行任何对话。甚至可以说，世界上的任何两个物体之间，如果产生了“发出信号—接收信号—反馈信号”的关系，那么我们就可以称这种互动活动为交流。但是，这种信号的发送和接收并不是对话、谈话或讨论。动物之间无法交谈，它们更无法组织任何讨论。

尽管相比“交流”，我更偏爱“对话”这个词，但是在探讨对话时，我还是非常希望保留“交流”这个词所涉及的“社群”（community）概念。交流是社群得以形成的重要条件，没有交流，就不可能有社群存在。人类之间如果没有交流，就不可能形成人类社群，也不可能共享相同的生活方式。

也正是这些原因，决定了对话、讨论或谈话是人类听说活

① 英文单词 communication 对应的中文意思在日常生活中为“交流”，在电子领域则为“通信”。——译者注

动中最重要的形式。设想一下，如果人类听说活动的社会化特征，都像在连续性发言和缄默式倾听中那样一直被削弱下去，听说双方之间就很难形成一个共同的社群。人类社群要生机勃勃、繁荣兴盛，人与人之间通过听说交流的社会化特征就必须不断强化，而不是渐趋衰退。

要特别指出的是，在某些情况下，人与人之间的书面沟通也可能像对话那样是双行道模式。比如，两个人持续地通过书信进行沟通，而且他们的每一封回信都及时、完整、准确地回应对方信中的内容；又比如在一场论战中，某位作者驳斥了针对他所著书的批评意见，然后又进一步引发了批判者的反驳。

3

本书的内容主要由三部分组成，对应我划分的人类听说活动的三种模式。其中，第二篇探讨的是连续性发言模式，第三篇探讨的是缄默式倾听模式，第四篇探讨的是将听、说融为一体的对话模式。这三种模式中，对话模式是最重要的，同时也是最难做好的。

一场对话，既可能是娱乐性的，也可能是功利性的，而且这两种性质可以随时进行切换。一般来说，娱乐性强的对话往往会显得漫无目的，大家想到哪儿便说到哪儿，比如无聊时的闲谈等。当然，即便是娱乐性的对话，也可能不乏奇思妙想和真知灼见。

对话有时候是轻松随意、毫无羁绊的，比如茶余饭后的闲谈；有时候又是经过严密组织的，比如商业谈判、商业会议、各种研讨会、政治辩论、学术论战、教会会议、议会会议或者其他的宗教秘密会议，以及学生参与讨论的教学活动（可惜这种教学方式目前已经比较少见）等。

4

在本章开头我曾指出，当我们在享受自由的时光，追寻宝贵的乐趣时，我们的行为可能是个体化的，也可能是社会化的。当我们从事烹饪、木工、园艺等劳作时，如果完全是为了乐趣（圆满完成工作带来的满足感），而不是为了利益，那么这些行为就属于个体化的娱乐活动。同样，当我们仅仅是为了身心愉悦而去阅读和写作，去欣赏绘画，去聆听音乐，去旅游，去观察世间百态，甚至最重要的——去思考时，那么这些行为也都属于个体化的娱乐活动。

至于社会化的娱乐活动，最典型的就是丰富多彩的朋友聚会，尤其是各种各样的对话、聊天活动。在我看来，人们消磨时间最好的方式，就是全身心地投入一场既妙趣横生又充满启迪的对话。在这样的对话中，我们通过其他娱乐活动所获得的积累，能够结出十分丰硕的果实，得到圆满的实现。

也正因为如此，我们都必须深刻地认识到按下列方式来丰富自己生活的重要意义：一方面，我们必须要好好学习并掌握对话的技巧，以确保我们参与的对话更具价值；另一方面，更要积极培养和调动自己的意志力和积极性，从而更坚定、热情地投入有益的对话活动中，而不是参加那些浑浑噩噩的仅是为了消磨时间而进行的活动。

第二篇

连续性发言

第三章

净是花言巧语！

1

第一颗原子弹爆炸后不久，芝加哥大学校长哈钦斯召集成立了一个世界宪章起草委员会。在这个由声名显赫的人士组成的小组中，有两位性格截然相反的人：一位是芝加哥大学的意大利文学教授、著名诗人朱塞佩·安东尼奥·博尔杰塞；另一位是略显古板、实事求是的哈佛大学法学院院长詹姆斯·兰蒂斯。

有一次开会，我正好在场，博尔杰塞教授就一个他关心的话题同大家侃侃而谈。随着谈兴越来越浓，他的声音越来越高亢，眼睛里射出兴奋的光芒，言语也越发铿锵有力，既富有诗意，又富有激情，几乎在场的所有人都入了迷——只有一个人除外。在他讲话结束后的一片静默中，兰蒂斯院长冷冷地盯着博尔杰塞，并低声斥道："净是花言巧语！"博尔杰塞也十分冷然，情绪中夹杂着愤怒，他拿手做手枪状指着兰蒂斯，回复道："下次再说这话时，笑着说！"

兰蒂斯院长当时的那番话是什么意思呢？他到底想表达什么？

他的意思当然不是说博尔杰塞的言论有语法错误或逻辑错误，堆砌辞藻，语言表达水准非常低劣。虽然英语不是博尔杰塞教授的母语，但是他的英语水平也是大师级的。我曾多次和他争论，深知他有非凡的分析能力和令人信服的推理能力。他在修饰自己的语言方面十分有天赋，善于运用意象、比喻、恰如其分的节奏等吸引大家的注意力，同时将他的观点传达给听众。

他的言辞里蕴藏着修辞的力量，而这种力量是那位哈佛大学法学院院长——一位保守的盎格鲁-撒克逊人的言辞所一直缺乏的，尽管他同样措辞得体，逻辑严谨。那么这位院长为何反对他的意大利同事的这种讲话风格呢？这种风格有什么问题吗？或许他有意克制自己不像博尔杰塞教授那样巧妙地雕琢语言，但是二者的性格差异并不能证明，他把博尔杰塞的演说指责为"花言巧语"是正确的。

如果以最大的善意来解读兰蒂斯院长对博尔杰塞教授的指责，我们必须理解为，并不是因为后者的言辞是花言巧语，而是因为这样的言辞对于当时的场合来说显得过于夸张了。

毕竟，博尔杰塞当时并不是站在演讲台上，去说服一大群陌生的听众，而是和同事们共同围坐在桌前，讨论着一个大家都已了解的话题。在这种情况下，需要做的是广泛考察各种各样的事实，综合权衡正反两方的理由。

在兰蒂斯院长看来，对待这种讨论，讨论者应该平实冷静、紧扣主题、直击要害，滤去一切无关紧要的题外话，以免让讨论过程无端变得热烈却毫无意义。因此，兰蒂斯对博尔杰塞的那句颇为失礼的指责的实际意思是：“别说那么多废话！”

那些所谓的“废话”是因为在那种特殊场合才显得多余，还是在任何场合都多余呢？肯定不可能是后一种情况，否则就意味着我们在说话时，只要符合语法和逻辑要求，就足以实现我们的目标了。事实似乎从来不是这样。这种说法就像下面的说法一样不切实际：当你同别人说话时，完全没必要考虑如何让对方好好听你说，如何让你说的话按照你的预期影响对方的思想和心灵。

语法、逻辑和修辞这三项艺术，决定着语言用于表达思想、感受时的效果。或许，如果只是把个人的思想和感受写下来，作为私人便函以供日后参考，那么用语法和逻辑这两项艺术就足够了。我们在自言自语时，或在仅供己用的书面笔记中，确实不需要使用修辞技巧。这是因为，我们几乎从不需要说服自己去倾听、接受自己的想法，也不需要说服自己，我们自己的想法是有充分依据的，是应该得到认同的。但是，当我们真的需要说服自己正处于正确的轨道上时，在自言自语或笔记中仍只顾语法和逻辑就显得不够了。为了能够让自己接受某种结论或想法，我们还必须做得更多。就像我们有时候会说：我们不得不“说服我们自己”——在这种情况下，就需要修辞登场了。

尽管在自言自语时我们很少需要修辞，但我们同别人说话时却很难离开它。道理显而易见：我们总是需要说服别人，让别人不仅仅听到我们说的，还要同意我们的观点，并按照我们的观点思考、行事。

2

修辞这一古老而充满荣光的艺术，本就是一门说服人的艺术。在长达大约 25 个世纪的时间里，修辞和语法、逻辑一样，在教育中占据着举足轻重的地位。尤其是在古希腊和古罗马，其地位更加显耀，因为当时的教育理念更倾向于将人培养成一位演说家；在 17—18 世纪同样如此，当时人们不仅重视说话和写作的内容，还十分强调其形式。

但是到了今天，在年轻人的校内基础教育中，所有这些艺术几乎已消失殆尽。三者之中，在前十二年的教育里，修辞又是缺失得最为严重的。部分人进入大学后，或许还有机会参加一些公共演说方面的课程，但绝大多数人都没接受过说服技巧方面的训练。

在漫长的历史中，对修辞学的教授，主要涉及雄辩术和语言风格。而一种能够把实质内容的交流过程表达得更优雅或更高效的语言风格，应该是口语和书面语都需要具备的。优雅是否可取权且不论，至少它并非总能使说服变得更加高效。

由于我们对修辞的兴趣主要集中在提高说服效率上，我们就无法回避这样一个事实，在漫长的历史中，修辞学总是与雄辩术密切关联。许多和这一话题有关的著作——比如古罗马修辞学大师昆体良的那部名著——书名中用的词都是“雄辩术”而非“修辞学”。在古典时代和现代的早期阶段，“雄辩家”和“修辞学家”这两个词的意思是相同的，是可以互换的。

这有什么不对吗?雄辩术的主要目的是说服别人按某种方式行动，雄辩家使用修辞技巧的唯一目的是取得实用效果，比如执行某种行动，做出某种价值判断，或者形成某种对他人或其他群体的态度等。

但是，取得实用性效果却并非修辞学的唯一用途，甚至不是其最常见或最重要的用途。我们总是希望能够改变他人的思想，让他们像我们一样思考，这同改变他人的行动和感受，让他们按我们希望的去行动、去感受，是同等重要的。在这种情况下，我们使用修辞的目的就纯粹是智力层面的，或者说是理论层面的，而非实用层面的。当我们把修辞用于这种目的时，我们作为说服者的性质，就与以实用为目的的雄辩家截然不同了。

另外，把实用层面的修辞术表述为“雄辩术”的问题在于，这样听起来和政治舞台、法庭、立法会议等场合极度相关，但其实这些领域并非人们唯一需要修辞技巧的地方，商业领域同样需要，任何为了达到实用目的而需要说服或反驳他人的场合都需要。

我们可以发现，在包括政治在内的所有领域中，其实我们都是在向其他人兜售些什么。实用性说服行为，不管其具体表现方式是怎样的，本质上都是一种推销术。因此，我采用“推销术”这一比较通俗的词，来命名这种为达成实用目的而进行的劝说性话语。

那么，又该用什么词来命名那种纯粹智力层面、理论层面上的劝说性话语呢？“教学”？“指导”？或许都可以，但我们需要记住的是，指导可以有多种方式。有时候，老师并不是在简单地面对静默的听众发表演说；如果是这样，老师便只是在灌输知识，不需要向学生们提问。满堂灌式的授课实际上是一种演讲，好的演讲者和好的推销者一样，在乎的是说服自己的听众。

在指导和销售活动中都存在着说服行为，前者是为了达到纯理论层面或智力层面的效果，后者则是为了达到实用效果。我认为最方便的是采用下面的术语来分别表述：以实用效果为目的的话语称为“说服性发言”；以改变思想（没有任何实际行动）为目的的话语称为“教育性发言”。我所谓的“推销术”便属于说服性发言，而讲座则属于教育性发言。

说服性发言和教育性发言是两种主要的连续性发言，接下来我会先讨论它们，然后再讨论它们各自的变体形式。其中，下一章将讨论“推销术”等，再下一章讨论讲座等。

3

“推销术”、“说服”甚至“修辞”等术语，对于那些认为从事销售、劝说工作或使用修辞手段就是沉溺于诡辩术的人来说，有着令人不快的含义。

幸运的是，持有上述观点的人是错的。事实上，如果诡辩术无法避免，那将是非常不幸的，因为将没有一个诚实或道德上谨慎正直的人，能够摸着良心去做说服工作。然而，绝大多数人都倾向于，或者被迫于说服别人按自己认为理想、高尚的方式去行动、去感知。很少有人可以彻底摆脱说服性事务，我们中的绝大多数，在日常的联络中，绝大部分时间都纠缠其中。

很多技能都既可以服务于行善，也可以服务于为恶。人们利用那些技能时，既可能恪守道德规范，也可能枉顾道德伦理：医师的技能，既可以用于治病救人，也可以用于伤人害命；律师的技能，既可以用于促进社会公平，也可以用于践踏社会正义；技术专家的技能，既可以用于建设，也可以用于破坏；说服者——政治雄辩家、商业销售员、广告商、宣传员等的技能，既可以用于维护真理、从事善行，也同样可以成为欺骗、作恶的得力工具。

诡辩术是对修辞技巧的错用，是为达目的而不择手段的无德之举。柏拉图曾在诡辩家与哲学家之间画了一条明显的界线。他认为，尽管二者都具有娴熟的辩论技能，但哲学家致力于追求真理，不会为了赢得辩论而错用逻辑和修辞，采取欺骗、歪曲或其他形式的诡计。

相反，诡辩家为了实现个人目标，总是不惜采用任何手段。如果有必要，他们情愿把坏的理由说成好的，情愿违背真理。

在古希腊，诡辩家成为修辞学老师，目的是帮人赢得诉讼。那时候，公民一旦惹上官司，只能自己给自己当律师——做自己的控方律师或辩方律师。对于那些以打赢官司为目的，并以此为判断是非的标准，而不管其是否符合道德的人来说，诡辩式地滥用修辞确实很有用。

正因为如此，修辞学在早期承受着恶名，以至再也无法彻底摆脱掉。也因此，我们应该记住这重要的一点：诡辩术是对修辞学的无耻滥用，但被滥用并不意味着修辞学本身应该被谴责。

在销售或其他类似的说服活动中，既有诚实的人，也有不诚实的人。同样的情况也发生在人类的很多其他活动中。推销术并非只有靠谎言和欺骗才能达到效果，成功的销售也并不需要坑蒙拐骗的艺术。这一点同样适用于其他形式的说服活动和修辞应用。

我明白，推销术、说服、修辞这些术语在某些方面承受着不好的名声。但是，一旦理解这些术语同诡辩术发生联系是偶然而非必然的，我就再也找不出任何要扔掉这些术语的理由。这些术语背后的活动，是我们所有人，至少是绝大多数人经常参与的，而且我们完全不需要借助无耻诡计、谎言、欺骗也能做得很好。

第四章

推销术等说服性发言

1

这章的题目可能会引起一些读者的误解。一个哲学家怎么可能懂得推销术？那实在不属于他的研究范畴。

为了打消大家的顾虑，我将遵照同样是哲学家的亚里士多德推荐的方法来开始本章。任何人如果想就任何事说服其他人，第一步应该怎么做，尤其是在实用性范围之内？关于此，亚里士多德给出了建议。

许多年前，旧金山成立了哲学研究所，我受邀担任所长，并在其关联机构加利福尼亚广告俱乐部举办的午餐会上致辞。他们事前询问我演讲的题目是什么，我回答说，就叫“亚里士多德论推销术”吧，我相信，这个题目将带给他们巨大的震撼。事实确实如此，以前从来没有人把亚里士多德的大名，与推销术或者辅助销售的广告学联系在一起。

在演讲的开头，我首先解释了这个题目。我问大家：广告是销售的一种形式，对吗？他们都点头表示赞成。我又问：那不管何种形式的销售都是一种说服活动，广告就是说服潜在客户购买广告商品，对吗？他们再次点头。

那好，我继续道，亚里士多德是这种说服艺术的大师，并就此著有长篇论著——《修辞学》。针对当时的场合，我对亚里士多德的核心观点进行了提炼。我告诉他们，亚里士多德曾指出，一个人要想成功说服别人，应该掌握的最重要的三种策略分别是人品（*ethos*）、感性（*pathos*）和理性（*logos*）。没有任何别的表述方式，能比希腊人用的这三个词语更好地概括这三种策略。

在我解释这三个词语所代表的说服策略之前，我要告诉大家的是，当时出席午餐会的广告专家们，对亚里士多德提出的这些和他们自身业务有关的诀窍，产生了极其深刻的印象。后来我听说，那天下午他们为了购买亚里士多德的《修辞学》一书，把旧金山的各大书店围得水泄不通，可惜书已售罄。

希腊文 *ethos* 一词表示人的性格、品质。树立良好的个人形象，是做好任何说服工作的第一步。说服者必须根据具体的说服目标，有针对性地展示合适的形象。

在某一特定场合，无论是面对一个听众还是一群听众，如果你希望他们不仅能够认真地听你的发言，而且觉得你的发言值得一听，那么你必须首先给他们留下这样的印象：你不仅对自己所讲的内容了如指掌，而且你的诚恳和善意也值得他们信赖。你不但要表现得值得信赖，同时还要表现得足够有吸引力，讨人喜欢。

面对这些身为广告专家的听众，我为了实现上述目标，首先给他们分享了我自己的两则小故事。第一个故事是关于我同一位银行家之间的对话。这位银行家是不列颠百科全书出版公司的投资人之一，当时，不列颠百科全书出版公司为了出版由我主编的《西方世界伟大著作》（*Great Books of the Western World*）系列丛书，以及其配套工具书《西方大观念》（*Syntopicon*），已经投资了一大笔钱。

我们碰面时，这位银行家正忧心忡忡、满腹狐疑。他实在怀疑公司斥巨资推出的这些产品到底会不会有销路，更让他充满疑虑的是，这个叫作《西方大观念》的“怪物”，还没完成恐怕就要吞掉超过100万美元——在当时实属一笔大资金。《西方大观念》究竟能在多大程度上激发人们购买《西方世界伟大著作》系列丛书的兴趣？“举个例子，我对关于买卖的学问非常感兴趣，”银行家说道，“那么当我打开《西方大观念》，翻出书中所列的102个伟大概念时，我能找到一个有关推销术的吗？”

他这问题一出口，我还真被难住了。毕竟，“推销术”这个词语还真的不在那102个伟大概念的名录内，甚至在为那102个伟大概念提供详解的按字母顺序排列的1800个次级概念中也找不到。当然我很快摆脱了尴尬，反问了他一个问题。

无论向谁售卖东西，都必须清楚如何说服对方购买我们想售卖的东西，对吗？他立刻表示同意。然后我告诉他，在这102个伟大概念中，其中有一个是修辞，正是关于如何说服别人的。如果打开《西方大观念》关于修辞的那一章，他就能找到很多极有价值的段落，尽管那些段落引述的伟大作家中，没有一个曾经用过“推销术”这个概念。

出版《西方大观念》的巨额花费给那位银行家带来的不安和顾虑，就这样被我的几句话一扫而空。我成功地向他推销了我的观点。随后，我又向旧金山午餐会上的听众们分享了我的另一个小故事。为了支付《西方世界伟大著作》系列丛书第一版的印刷、装订费用，我不得不通过预售500套的方式来筹集资金。

我几乎单枪匹马地完成了这件事。首先，我和时任芝加哥大学校长鲍勃·哈钦斯联合起草了一份签名书信，分别寄给

1000 名潜在客户，告诉他们，在书出版之前，预先支付 500 美元的书款就能拥有此套丛书的第一版特别珍藏版。我们相信这对他们来说应该是一件十分荣幸的事，虽然在 20 世纪 50 年代，500 美元也算得上是一笔巨款了。

单单这封信就带来了 250 份销售订单，而且全部附有支票。高达 25% 的回应率，而且一次就奏效，这让那些身为广告业行家的听众都感到不可思议。在直邮广告领域，这实在是一个无与伦比的成功案例。初战告捷之后，我又通过电话和登门拜访的方式，将剩下的 250 套丛书出售给了不同的个体客户。

这其中的一次经历尤其值得同大家分享，那就是我一下子就向一个客户出售了 45 套丛书。这位客户是一家拥有 80 多家百货商店的大型连锁公司的总裁，他准备把每一套丛书分别捐赠给他旗下的 45 家商店所在地的图书馆或大学，借此改善商店在当地的公众形象。这笔交易的整个销售过程耗时不超过 30 分钟。我见到这位总裁是在一个周五下午有些晚的时候，当时他明确告诉我，他的时间非常有限，要赶着出城过周末。所以，我努力言简意赅，尽量避免引起他的不耐烦，从而赢得了非常好的结果。

当我结束第二个故事的时候，旧金山这些身为广告专家的听众，都被我在说服和推销方面的切身经历吸引了。因此，当我再次阐述亚里士多德是如何通过分析说服的三个主要因素来总结推销术的精髓时，他们个个全神贯注。也就是说，在我开始解释人品、感性和理性这三要素在说服中的作用之前，我已经成功地在这些听众面前树立了自己良好的“人品”形象。

这也正是我在这里所希望的，通过讲述这两个我自己作为“广告人”和“销售员”的切身经历，向各位读者展现我的人品形象，获得大家的理解和信任。

2

在说服的这三个要素——人品、感性和理性中，人品总是应该排在第一位的。除非你已经在听众中建立了可信度，且拥有一定的吸引力，否则你很难让他们把注意力集中到你身上，更不可能让他们按你的意愿行事。只有先说服听众，你是一个可以信任的人，然后你才有可能让他们听得进你说的话。

当然，在说服的过程中，有很多种方法可以实现这第一步工作。你可以同他们分享你个人的故事，如果你的故事引发了听众们善意的笑声，那么效果将会更好。你也可以采用其他更间接的方法，比如故意放低自己的姿态，宣称自己对所要讲述的话题水平有限，从而让听众们觉得你只是过度谦虚而已。再比如，先就你希望呈现给观众的形象品质赞美别人，然后在合适的时机提醒观众你和那人的密切联系，从而让观众们自然联想到你也拥有那些优秀品质。

关于人品在说服活动中的重要作用，莎士比亚的剧作《裘力斯·恺撒》中，勃鲁托斯和马克·安东尼的两篇演说提供了两个堪称经典的范例。当然，将这两段伟大的演说同推销术放在一起比较，某种程度上显得有点不伦不类，因为这两段演说都属于政治游说，目的是打动他们的听众，让他们采取某种政治行动。

尽管如此，任何实用性说服活动都是一种推销行为，不管是在商品市场还是在政论论坛，不管是隔着货柜还是置身议院，不管是在商业交易还是在竞选活动中，不管是某产品的推广广告还是对公共事业、政府职位的公开呼吁，概莫能外。

在莎士比亚的戏剧中，我们应该记住这个情节，当时裘力斯·恺撒刚刚惨遭刺杀，大批罗马公民汇聚到广场上，围绕在他的尸体周围，沉痛地哀悼逝者，愤怒地讨要说法。勃鲁托斯——这名参与了刺杀行动的谋反者，登上讲坛向众人演讲道：

> 各位罗马人，各位亲爱的同胞们！请你们静静地听我解释。为了我的名誉，请你们相信我；尊重我的名誉，这样你们就会相信我的话。用你们的智慧批评我；唤起你们

的理智，给我一个公正的评断。要是在今天在场的群众中间，有什么人是恺撒的好朋友，我要对他说，勃鲁托斯也是和他同样地爱着恺撒。要是那位朋友问我为什么勃鲁托斯要起来反对恺撒，这就是我的回答：并不是我不爱恺撒，可是我更爱罗马。你们宁愿让恺撒活在世上，大家作奴隶而死呢，还是让恺撒死去，大家作自由人而生？因为恺撒爱我，所以我为他流泪；因为他是幸运的，所以我为他欣慰；因为他是勇敢的，所以我尊敬他；因为他有野心，所以我杀死他。我用眼泪报答他的友谊，用喜悦庆祝他的幸运，用尊敬崇扬他的勇敢，用死亡惩戒他的野心。这儿有谁愿意自甘卑贱，做一个奴隶？要是有这样的人，请说出来；因为我已经得罪他了。这儿有谁愿意自居化外，不愿做一个罗马人？要是有这样的人，请说出来；因为我已经得罪他了。这儿有谁愿意自处下流，不爱他的国家？要是有这样的人，请说出来；因为我已经得罪他了。我等待着答复。①

公民们异口同声地回答：“没有，勃鲁托斯，没有。”这

① 《裘力斯·恺撒》中的内容参照《莎士比亚全集》朱生豪译本，下同。——译者注

一答复让勃鲁托斯非常满意，他知道自己已经成功地说服了众人，刺杀恺撒乃正义之举。于是，他准备让位给马克·安东尼。在安东尼演讲之前，已被勃鲁托斯彻底征服，或者说被他推销成功的广大民众，狂热地向勃鲁托斯欢呼喝彩，并赋予他荣光，推举他继承已去世的恺撒留下的位子。勃鲁托斯却让大家安静下来，先听听安东尼还有何话说，因为他先前已经允许安东尼发表自己的看法。被请上台后，安东尼开始了他的演讲：

> 各位朋友，各位罗马人，各位同胞，请你们听我说。我是来埋葬恺撒，不是来赞美他的。人们做了恶事，死后免不了遭人唾骂，可是他们所做的善事，往往随着他们的尸骨一齐入土；让恺撒也这样吧。尊贵的勃鲁托斯已经对你们说过，恺撒是有野心的；要是真有这样的事，那诚然是一个重大的过失，恺撒也为了它付出惨酷的代价了。现在我得到勃鲁托斯和他的同志们的允许——因为勃鲁托斯是一个正人君子，他们也都是正人君子——到这儿来在恺撒的丧礼中说几句话。他是我的朋友，他对我是那么忠诚公正；然而勃鲁托斯却说他是有野心的，而勃鲁托斯是一个正人君子。他曾经带许多俘虏回到罗马来，他们的赎金

都充实了公家的财库；这可以说是野心者的行径吗？穷苦的人哀哭的时候，恺撒曾经为他们流泪；野心者是不应当这样仁慈的。然而勃鲁托斯却说他是有野心的，而勃鲁托斯是一个正人君子。你们大家看见在卢柏克节的那天，我三次献给他一顶王冠，他三次都拒绝了；这难道是野心吗？然而勃鲁托斯却说他是有野心的，而勃鲁托斯的的确确是一个正人君子。我不是要推翻勃鲁托斯所说的话，我所说的只是我自己所知道的事实。你们过去都曾爱过他，那并不是没有理由的；那么什么理由阻止你们现在哀悼他呢？唉，理性啊！你已经遁入了野兽的心中，人们已经失去辨别是非的能力了。原谅我；我的心现在是跟恺撒一起在他的棺木之内，我必须停顿片刻，等它回到我自己的胸腔里。

勃鲁托斯简短的演讲很好地展现了人品的作用，安东尼稍微长些的开场白同样如此。对于勃鲁托斯来说，他已经成功洗脱了他和他的同伙的罪行，这已足够让他满足，因此他没有试图进一步号召那些公民采取别的行动。他只是要求他们允许他独自离开。而安东尼则不同，他还有更深层的打算。他希望为恺撒报仇雪恨，他要煽动众人对那些谋反者，尤其是勃鲁托斯和凯歇斯（实在是高尚而可敬的人啊！），采取暴力行动。为了实现这一目的，他借用了说服三要素中的另外两大要素——感性和理性。

3

人品要素是指发言者树立的公信力和资信度，在听众中建立的值得尊敬、令人钦佩的品格；感性要素是指激发听众的热情，引导他们的情绪向发言者希望的行动方向上发展的因素。

感性要素是一种起激发作用的因素。在安东尼的演讲过程中，感性要素出现得比较早，几乎在发言者塑造人品形象的开场白中就已经出现了。安东尼提醒众人，恺撒曾经为罗马做出了卓越贡献，而在场的他们个个都是受益者。在安东尼回顾恺撒的那些辉煌功绩时，他还一次又一次地质问众人，恺撒到底是一直在追求个人的野心和私欲，还是一心为公，为众人的福祉殚精竭虑。

因而，安东尼成功地扭转了勃鲁托斯刚刚精心营造起来的气氛。一位市民吼道："恺撒是有点死得冤枉。"另一人大声道："他不愿接受王冠，所以他的确一点没有野心。"而另一位则开始表达对安东尼的敬意，这也正是安东尼利用人品要素所追求的效果，那人赞美道："在罗马没有比安东尼更高贵的人了。”

安东尼很满意。他已经成功树立了光辉伟岸的人格形象，众人的情绪也如他所愿，向他预设的方向发展。然后，他继续鼓动大家的情绪，让大家进一步认识到，为何应该采取更进一步的行动。

理性要素——各种理由的罗列——终于姗姗来迟。除非你已经成功地激起了听众对你本人的好感，听众们激昂亢奋的情绪才能为你所用，助你实现理想的最终结果。同样，在你成功营造出一呼百应的氛围之前，勉强以理服人也将收效甚微，意义不大。

道理和论争可以对情绪的调动起到锦上添花、推波助澜的作用。但是，除非你的听众的情绪已经被成功引导到你试图证明的结论的方向上，否则，道理和论争没有任何威力。

下面，我们再来看看，安东尼在他演讲的结尾部分，是如何巧妙地混用感性要素和理性要素，成功说服罗马的广大市民采取武力措施对抗勃鲁托斯、凯歇斯及他们的同党的。

首先，他在演讲的过程中，似乎不经意地透露出，恺撒留有一份遗嘱，并且暗示大家，当他们看到遗嘱内容时，他们将会认识到，自己得到了恺撒多么大的恩惠：

啊，诸君！要是我有意想要激动你们的心灵，引起一场叛乱，那我就要对不起勃鲁托斯，对不起凯歇斯；你们大家知道，他们都是正人君子。我不愿干对不起他们的事；我宁愿对不起死人，对不起我自己，对不起你们，却不愿对不起这些正人君子。可是这儿有一张羊皮纸，上面盖着恺撒的印章；那是我在他的卧室里找到的一张遗嘱。只要让民众一听到这张遗嘱上的话——原谅我，我现在还不想把它宣读——他们就会去吻恺撒尸体上的伤口，用手巾去蘸他神圣的血，还要乞讨他的一根头发回去作纪念，当他们临死的时候，将要在他们的遗嘱上郑重提起，作为传给后嗣的一项贵重的遗产。

演说进行到这里，广大市民们纷纷恳请安东尼把恺撒的遗嘱内容告诉他们。在遗嘱中，恺撒赐予了每一位罗马公民75个德拉克马，而在安东尼说出遗嘱内容之前，他先是描绘了更惊心动魄的一幕，一下子就将听众的情绪激发到了极致：

要是你们有眼泪，现在准备流起来吧。你们都认识这件外套；我记得恺撒第一次穿上它，是在一个夏天的晚上，在他的营帐里，就在他征服纳维人的那一天。瞧！凯歇斯的刀子是从这地方穿过的；瞧那狠心的凯斯卡割开了一道多深的裂口；他所深爱的勃鲁托斯就从这刺了一刀进去，当他拔出他那万恶的武器的时候，瞧恺撒的血是怎样汩汩不断地跟着它出来，好像急于涌到外面来，想要知道究竟是不是勃鲁托斯下这样无情的毒手；因为你们知道，勃鲁托斯是恺撒心目中的天使。神啊，请你们判断判断恺撒是多么爱他！这是最无情的一击，因为当尊贵的恺撒看见他行刺的时候，负心，这一柄比叛徒的武器更锋锐的利剑，就一直刺进了他的心脏，那时候他的伟大的心就碎裂了；他的脸给他的外套蒙着，他的血不停地流着，就在庞贝像座之下，伟大的恺撒倒下了。啊！那是一个多么惊人的殒落，我的同胞们！我、你们，我们大家都随着他一齐倒下，残酷的叛逆却在我们头上耀武扬威。

这番话达到了预期的效果：市民们群情激愤，纷纷要求向刺客及其同党复仇，并把他们斥责为叛徒和恶棍。他们再也不是高尚而可敬的人。安东尼很确信自己已经赢了，广大罗马民众已经被他说服，按他的想法行事。尽管如此，他还是采取了更进一步的措施以巩固成果。从这番话的前几句就可以看出，安东尼再一次将勃鲁托斯的人品和自己的人品进行了比较，概述了采取复仇行动的原因——理性要素，而且还进一步证实了他所鼓动的情感——感性要素的正确性：

> 好朋友们，亲爱的朋友们，不要让我把你们煽起这样一场暴动的怒潮。干这件事的人都是正人君子；唉！我不知道他们有些什么私人的怨恨，使他们干出这种事来，可是他们都是聪明而正直的，一定有理由可以答复你们。朋友们，我不是来偷取你们的心；我不是一个像勃鲁托斯那样能言善辩的人；你们大家都知道我不过是一个老老实实爱我的朋友的人；他们也知道这一点，所以才允许我为他公开说几句话。因为我既没有智慧，又没有口才，又没有本领，我也不会用行动或言语来激动人们的血性；我不过照我心里所想到的说出来；我只是把你们已经知道的事情向你们提醒，给你们看看亲爱的恺撒的伤口，可怜的、可怜的无言之口，让它们代替我说话。可是假如我是勃鲁托斯，而勃鲁托斯是安东尼，那么那个安东尼一定会激起你们的愤怒，让恺撒的每一处伤口里都长出一条舌头来，即使罗马的石块也将要大受感动，奋身而起，向叛徒们抗争了。

“我们要暴动！”市民们都咆哮着，“我们要烧掉勃鲁托斯的房子！”，而且还要揪出所有的谋反者。此时，也直到此时，安东尼才使出了最后的撒手锏，告诉他们，根据恺撒的遗嘱，每一个罗马公民将获得什么样的切身利益。大局已定，公民们怒吼着：“去点起火来。”“把凳子拉下来烧。”“把椅子、窗门——什么东西一起拉下来烧。”这下圆满完成任务的安东尼终于心满意足了，他退了下去，自言自语道：“现在让它闹起来吧；一场乱事已经发生，随它怎样发展下去吧！”

4

使用感性要素时，为了取得更好的效果，引发预期中的情绪起伏，说服者必须牢记以下两点。

首先，他们必须认识到，几乎所有的人都有各种各样的欲望——渴望自由、公平、和平、快乐、财物、荣誉、声望、地位和偏爱等，这些欲望都是他们使用感性要素来激励别人的重要力量。这些欲望背后一般都有强大的驱动力，这一点应该是显而易见的。说服者可以根据自己心中的目标，来合理调动那些驱动力，集中说明为何他们推荐的行动方案相较于其他竞争者的方案，更能令人满意。

然后，说服者要用理性要素取代感性要素，让胜负的天平倒向自己这一边，无论是在商业领域使自己的产品显得比竞争对手的产品更加具有吸引力，还是在政治领域使己方的公职候选人比竞争对手的候选人更有竞争力。虽然领域不同，但这两种情况的目的都一样，且都是为了满足一种早已存在的只需被燃起的欲望。正因为如此，他们的任务就是解释为何他们的产品、他们的候选人更优秀。

与之相类似，在竞选活动或立法辩论中，虽然双方的政见相左，但是背后的感性诉求同是维护和平、争取自由或者巩固社会福利等，那么说服者便无须激发人们对和平、自由或福利的渴望，因为人们的这些欲望是不言而喻的。在说服工作中，他们需要做的只是强调自己的候选人、自己的政策更能实现这些目标。

但是，说服者不可能永远指望各种欲望都早已充斥于听众的心中，并随时可以为自己所用。有时候，说服者为了确保自己的产品、政策或候选人能够胜出，必须向听众灌输某一特定的欲望。有时候，人们的某些需求或欲望潜伏在他们的内心深处，而他们一无所觉。在这种情况下，说服者必须努力去唤醒它们，激活它们。还有一些时候，说服者必须创造一种全新的欲望——通常不起眼，直到它被说服者唤醒并成为一种驱动力。一个全新的产品初次投入市场时，面对的就是这种情况。

同样，公职候选人在竞选时，如果他的竞选纲领是基于某种全新的诉求，也面临这种情况。

在推销术中，人品要素一般会被率先使用，或者与感性要素同时使用。公共关系专家或麦迪逊大道上的那些顾问，一方面要为他服务的公司打造良好的形象，另一方面也要让这些公司出售的产品显得比竞争对手的产品更加有吸引力。同样，为政治竞选人提供说服指导的专家们，其工作性质也是如此。他们一方面努力将竞选人塑造成一个光辉伟岸、完美无瑕的形象，另一方面尝试激发起人们对竞选人所持政策的认同意愿。

5

在人品要素和感性要素充分发挥作用的时候，说服者手中还握有理性要素这张王牌。下面我谈谈，在使用理性要素时，有哪些是务必要避免的，哪些是应尽量做好的。

首先，说服者应尽量避免那些冗长、耗时、复杂难懂的言论。劝说的目的并不是像数学证明或科学推导那样得出非常严谨的结论，高效说服的目的要简单得多——无非是让人们更喜欢己方的某种产品、某位竞选人或某项政策而不是竞争者的。因此，语言要尽可能地简短、精练、浓缩。

因此，说服者在劝说过程中，必须适当跳过一些推理步骤，才能牢牢抓住听众们的注意力。这种推理过程在希腊语中有一个堪称经典的名称——省略推理法（*enthymeme*），即在推理过程中省略掉许多前提条件。当然，被省略的前提条件必须是那些说服者有足够把握认为大众都普遍了解认同的观点。比如在审判庭上的辩论中，无论是控方还是辩方的律师，都会对诸如司法认知这类判决表示坦然接受，因为这类判决早已被公认为是真实可信的，无须再特意挑明。

认识到这些公认的一般性观点之后，说服者可以立即从一个具体案例中得出结论。这个具体的案例，需要符合那个假设存在却被省略的一般性观点，得出的结论也是蕴含在这个一般性观点中的。这种论证方法称为举例论证法。如果我想说服我的听众购买某个产品或接受某项政策，我可以直接说明该产品或该政策是如何符合某个普遍被接受的事实的。整个过程简洁高效。

我无须反复强调，凡是对人体健康有益的东西都是好东西；我只需告诉大家，我的产品对人体健康有益，而且效果非常明显。我也无须反复强调，人人都有工作生活的权利，那些失业的人受到了极不公正的待遇；我只需说明，我的政策可以增加就业率。如果我要指控某人犯了严重的罪行，我也无须特意指出，他仓促离开犯罪现场的行为本身就表明他是有罪的；我只需提供证据，证明这位在押案犯的确曾畏罪潜逃，并且他仓促逃跑的行为并无其他合理的解释。

当然，推理的简练或省略式推理并不是成功的说服性言论的唯一要素。还有一个要素是巧用反问句。反问句一旦出口，听众就只能给出唯一的答案。这么看来，反问句类似省略式推理中被故意隐去不提的前提，之所以可以略去不提，是因为那些观点是不言自明的。

也正因为如此，勃鲁托斯才敢问罗马市民们："这儿有谁愿意自甘卑贱，做一个奴隶？"他立刻加上了一句："要是有这样的人，请说出来；因为我已经得罪他了。"勃鲁托斯继续问道："这儿有谁愿意自处下流，不爱他的国家？"然后也同样要求他们说出来，"因为我已经得罪他了"。勃鲁托斯之所以敢如此反问，正是因为他完全明白，没有人敢回复他一个不一样的答案。

同样，马克·安东尼在描述了恺撒的赫赫战功怎样使罗马国库充盈之后，接着问道："这可以说是野心者的行径吗？"在提醒广大民众恺撒连续三次拒绝了献给他的王冠时，安东尼也跟着问道："这难道是野心吗？"这两个问题都是反问式的问题，都只可能有唯一的答案。

6

至此，我解释了说服活动中的三个基本要素是如何发挥作用的，在解释的过程中，我把拥有实用性目的的各种各样的发言形式，统一归于推销术这样一个大题目下。通常情况下，推销术这个词语局限于商品广告和商品销售等这些明显的销售活动中。但是，在政坛、立法院里，在有人正在指控或辩护的法庭上，或者在公开的表彰大会或庆祝活动上，同样存在大量具有实用性目的的发言活动，而这些活动，与为某产品赢得客户的活动并无太大的差别，都包含兜售的过程。

具有实用性目的的公开发言，无论其形式为何，都与成功的推销术一样，需要借助说服活动的三项基本要素。这一点在具有实用性目的的非公开发言中同样适用，比如，董事会主席向他的同事们做的发言、商业会议上某些政策的支持者所做的发言，甚至某位家庭成员向其他家庭成员所做的发言等以说服某些人采纳某项提议为实用性目的的言论。

在关于实用性修辞学的经典论述中，从亚里士多德、西塞罗、昆体良，一直到今天，诸如“销售”和“推销术”这样的词从来没出现过。各种形式的实用性发言被分为下列三种：议政演讲（主要指议会内的政治演说），法学演讲（主要指审判过程中的各种发言，比如律师向陪审团总结陈词），以及宣德演讲（主要指对某人或某项政策的赞颂或毁谤）。以上这三者都属于说服的不同类型。

显而易见，兜售产品与赞美某人或某项政策一样，都是颂扬式的说服；同样显而易见的是，议政演讲和法学演讲也是说服听众购买东西——只是买的是他们所主张的政策或他们的判决罢了。

第五章

讲座等教育性发言

1

如果你认为自己永远不可能有机会参加讲座并发表演讲，那么你可以直接跳过接下来这两章。或者，你也可以粗略浏览一下，感受一下什么叫如释重负，因为你不必像那些面对缄默听众的演讲者一样，为了有好的表现而承受痛苦。

但是，如果你所从事的工作，或者与你的职业生涯有关的任何方面，令你不得不当众做报告的话，那么这两章中提到的建议会对你有所帮助。尽管我谈的主要是如何开展学术性讲座及其准备工作，但至少部分适用于更短的、不那么正式的致辞或演说。

哪怕你的职业不是一名老师，就像我这样，不会在正式讲座上发表演讲，但有时候也难免需要面对观众发表长篇大论——在商业会议上，在政治集会中，在员工大会上，在俱乐部成员会谈中，或者是在宴会上面对满座宾朋时。

在这些场合，对你来说，我的建议可能显得过于烦琐缜密，毕竟这些建议是关于如何更好地开展正式讲座及其准备工作的。但是，你也可以根据实际情况做适当调整或取舍，以满足你的具体需求。

关于“讲座”这个词，我已经在前文提到过它的初始含义：演讲者首先是一位诵读者。

今天，尽管讲座仍然是以口头表达的方式进行，但是，相比诵读，讲座与写作的关系却更为密切。在讲座开始之前，讲座内容一般都以讲稿的形式提前写好，讲稿可能包含整个演讲内容，也可能只是简单的便条，有时一篇书面文章也有可能直接被用作讲稿，拿来进行口头演讲。尽管如此，书面与口头这两种表达形式仍然存在区别，优秀的写作能力并不总是意味着优秀的说话能力。事实上，这种情况经常存在。

这两种表达方式，无论是书面表达还是口头表达，都是一种告知行为，而告知就意味着教授，尽管教授不止告知这一种形式。当我告知你我的所知、所想、所理解的信息，并且希望指导你的思想时，我便是在教导你了。这也正是推销术与讲座及其他类型的教育性发言的本质区别。

尽管话语种类繁多，比如，育儿室里的喃喃细语、宴会上的窃窃私语等，但是说服性发言和教育性发言，代表了我们需要关注的两类基本的发言形式。这两者之间，前者的目的在于影响听众的行动或感受，后者的目的在于影响他们的思想，这是二者的本质区别。尽管都涉及说服行为，但它们的目的不同。

或许有人认为，作为教育的一种形式，讲座的目的绝非仅仅是劝说那么简单，而应该是使人彻底信服。但是，彻底信服意味着某种程度的必然性，这种必然性几乎不会存在于诸如数学这样的精准科学领域之外。在这些领域，向听众证明某一命题时，语言表达只需做到有序、清晰、逻辑严谨即可，修辞毫无用武之地，同一内容的书面表达与口头表达之间的区别，几乎可以忽略不计。

正因如此，我们主要关注那些并不需要如此严谨的发言——对思想的说服工作，说服人的观点并非绝对正确，而是存在合理的疑点，也或者只是通过提供更加靠谱的证据或理由，来说服人接受某个观点而非其他观点。在这种情况下，我们不仅需要合理的逻辑，而且必须更多地考虑修辞问题，因为基于不同修辞的同一材料的书面表达与口头表达将会存在显著区别。

前文中，“推销术”这个词被用来指代所有形式的实用性说服，除了在市场上劝说别人购买产品，还包括政治演说、教会布道、法庭辩论、商业谈判、典礼颂词等。同样，“讲座”这个词也可以用来指代所有形式的教育性劝说，旨在产生思想和理论层面而非实用层面的效用，其目的是改变人的思想，而非改变人的感受或行动方向。

当然，也不能说它包括了全部形式的教育性劝说，毕竟，我早已排除了诸如数学这样的精准科学的教育，这些教育活动是为了让学生确信某些原理或结论的真实性。同时，我还要排除那些仅仅向听众传达某一具体信息的口头发言活动，这些发言只需语法正确、节奏适中，确保听众完整吸收所传达的信息就已足够，无须借助严谨的逻辑或良好的修辞。

由于信息的传递主要借由听众的记忆力，因此，一般情况下，书面形式的信息传递比口头形式的信息传递效果更好。如果因故而采取口头形式，应该同时发放一些书面材料供听众反复阅读，以进一步强化记忆的效果。

排除以上各种情况之后，还剩下哪些情况呢？第一种，发生在学校课堂里的授课活动，这种标准的 50 分钟的讲话，有的会被听众打断，有的则不会。第二种，与 50 分钟的课堂讲话不同，我称之为正式讲座，举办地点在报告厅，听众规模可大可小，一般整场讲座一气呵成，不会被听众打断。报告厅可能坐落于校园内，讲座对象也只是本校学生，也可能是公共报告厅，对象是普通大众。

以上这两种，是“讲座”这个词最常用的意思，但却并非教育性发言仅有的形式。教堂内讲道坛前的布道，或者宗教集会，如果其内容是对《圣经》中某一具体条文进行评论或解释，一般是当日主课中的某一章节，那么这也算是一种教育活动。当然，如果布道是以实用为目的，企图改变听众的意愿或行为，而不只是提高他们对经文的理解，那么它就不再是教育性发言，而是类似于雄辩术的说服性发言了。

除了课堂讲话、正式讲座和教育性布道之外，教育性发言也存在于商业领域。比如，在公司高管会议上，由公司总裁或某位高管所做的发言，如果其目的是传授公司业务知识，或者是分析待解决的问题以便其能够被更好地理解，又或者是为了激发有关公司运营的想法，那么他们的发言也属于教育性发言。

军事会议上，军事领导人也可能就上述提到的三种目的中的一两点进行发言。课堂、报告厅、教堂、商业会议及军事会议之间的区别虽然非常明显，却并不妨碍所有这些形式的发言具有一个共同特征，那就是都涉及“告知”这一教育性行为——通过发言去影响听众的思想，比如增加他们的知识，提升他们的理解能力或者激发新思路等。

还有别的形式吗？当然。教育性发言甚至可能发生在餐桌前或起居室，比如男主人或女主人邀请某位客人，一般是某位贵宾，就其擅长的领域或话题向在座的各位发表演说，这种演说也属于教育性发言。

尽管教育性发言形式多样，但在本篇中，我将集中讨论连续性的教育性发言，即在整个发言过程中听众一直保持缄默的发言。

这样做是因为我将在本书的第三篇介绍，当听众面对那种需要安静听讲的讲座或发言时，应该如何做才能取得最好的效果。另外，我将在第四篇探讨双向式对话——不仅仅包括听说双方有问有答的那种互动交流（比如各种形式的对话以及讨论式的教学），也包括下面这种双向式对话：教育性发言的讲话者时不时地停下来邀请听众提问，不管这种对话是发生在课堂上、报告厅里、商业会议上、军事会议上，还是发生在私人家庭里。

上述观点不仅适用于讲座，也适用于推销术。推销术可能先是一气呵成——为了更有效，时间不应太长，完成之后，那些带着实用性目的的推销员应该立刻提出几个问题，他的听众们也会反馈几个问题。这种情况与那种之后带有简短对话或互动讨论环节的连续性发言是一样的。

2

倾听比阅读更难掌握，同样，说话也比写作更难掌握。其原因在于，与写作和阅读不同，无论是听还是说，都发生在有限的时间内，且其过程像水流一样不可逆。人们可以反复修改其写作内容，也可以翻来覆去阅读同一份材料，而且写作和阅读过程本身一般也没有时间限制，可以一直持续到写作者或阅读者彻底满意为止。然而，保持缄默的听众则必须迅速抓住耳旁一闪而过的话语，因此他们必须自始至终都聚精会神、全神贯注。一旦他们心不在焉或者思绪被打断，漏听的损失就将无法弥补。

因此，要做连续性发言必须做好一切必要的准备，确保听众的注意力不受干扰。在讲座或演讲的有限时间内，演讲者必须把演讲内容合理分成几个部分，以便听众能更好地理解、记忆发言内容，从一个知识点到另一个知识点，跟上连续不断向前推进的整个发言过程。

准确地说，正是由于连续性发言和缄默式倾听比写作和阅读更难掌握，所以能够使它们产生更好效果的方法，就是在讲座结束之后，安排一场双向式对话——可以是双方的讨论，也可以是互动问答，还可以是某种听说双方都可以积极参与交流的论坛。

不管是何原因，如果此次演讲无法向听众提供类似上述的互动交流环节，那么，演讲者要是希望听众能克服听讲中的困难，最好能够向他的演讲对象发放此次发言内容的书面材料。听众可以通过阅读那些材料，来弥补听讲时可能的遗漏、不足，因为在这种情况下没法再通过讲座后的互动环节来改善听讲效果。

如果只有讲座，没有辅之以讨论，演讲者无法了解听众对其演讲内容的吸收、掌握情况，讲座后没有讨论环节，甚至也没有提供任何书面材料给听众，那么这种形式的讲座将沦落为一种效率最低的教育方式。其效果最多不过是演讲人自己的讲座笔记变成了听众们更加支离破碎的听课笔记而已，讲座内容根本没有经过双方的大脑。唯一受到影响的可能只是听众的记忆，而且这种记忆很可能是不牢靠的，甚至是被曲解了的。

这种情况经常发生在老师们长达50分钟的课堂教学中。当然，欧洲各大高校的授课活动是个例外，那里的授课都是采用正式讲座的形式，对于每一次的讲座内容，授课老师都会精心准备，绝少重复使用。而美国学校则很少采用讲座形式，美国老师在 50 分钟课堂上所教授的内容，往往会被反复使用，因此也一般很少有值得出版发行的。与此相反，欧洲高校的系列讲座内容，在讲座结束之后，通常会作为一部著作的部分章节出版发行。

说到这里，我忍不住想起当年的一件趣事儿。当时，美国加利福尼亚大学邀请法兰西公学院的埃蒂安·吉尔森教授至其伯克利分校担任访问学者。吉尔森教授是思想史领域的权威、著名的哲学家。加利福尼亚大学提供了一份足够吸引人的酬金，因此吉尔森教授便向校方询问，如果他接受邀请，学校具体希望他做什么。

校方的回复是，他需要每星期上 12 次课，这是该校授课教授的基本工作量。这在吉尔森先生看来是绝对不可能完成的任务。他答复道：在法兰西公学院，他一周最多只上一次课，大多时候都是两星期上一次，只有这样，他才有足够的时间准备讲稿。

怎么可能在一个星期的时间内准备多达 12 堂课的讲稿，而且整个学期都是如此?！这是绝对不可能的，吉尔森教授说道。他回绝了这一邀请，并且在回信中指出，在完成整个系列讲座之后，所有的讲座内容将会结集成书出版。他还建议道，与其花那么多钱邀请他到伯克利开课，不如等他的书出版了，直接把书买过来发给学生们让他们阅读。

3

我曾在前文中指出，如果发言的目的只是向听众传达信息，那么逻辑和修辞都无足轻重。发言者只需语速适中、声音清晰，把信息要素清清楚楚、明白无误地传达给听众即可。在表述细节时，要做到有条不紊、条理清晰，这样一来，如果不同的信息要素之间存在内在联系，便能由此及彼，环环相扣。

数学等精密科学的授课，自然受其内在逻辑的约束，但仍有唯一一种修辞技巧可以用来提高授课效率，即在给出答案之前，确保学生们已经理解需要解决的问题，同时要尽可能明白地讲出解答的步骤。同样，这些步骤之间应该条理清晰、环环相扣、逻辑严谨。

当然，即使在数学这样的精密科学领域，也有办法使讲课更有成效。比如，如果需要实验演示，那么适当的表演艺术就能把准备实验和做实验的过程变得趣味无穷、轻松愉悦，从而更好地达到实验目的。尤其重要的是，如果授课老师本人情绪高亢、激情满满（哪怕他讲的内容对他本人来说是老掉牙的东西），那么学生们也会受到感染，气氛也会变得更加热烈。否则，无论他的授课逻辑多么严密，表达多么清晰，仍然不过是枯燥乏味的背诵，学生们也必然变得死气沉沉、昏昏欲睡。

简单来说，好的授课者，一定要具备优秀演员的天赋。每当舞台的大幕缓缓升起，不管授课者此前已经讲了多少次，一旦面对学生，就应该像是在进行一场全新的演出。如果授课者能够让学生们感受到，他正在讲述的知识就是他刚刚发现的，那将大大激发学生们的新鲜感。如果授课者再把发现的过程辅以戏剧化效果，那么将会吸引学生参与到这种探索发现真理的活动中来。而一旦缺少这种探索活动，对学生来说，将很难进行真正意义上的学习，充其量只是对一堆枯燥材料进行死记硬背，并很快将它们抛诸脑后。

上述言论适用于各种形式的教育性发言。但是，如果发言者不是在传达信息，也不是在解释数学等精密科学的真理，那么修辞的作用就会大很多。我们先把传达信息和解释真理这两种情况放一边，先来看看下面这些情况：发言的目的是说服听众接受一种他们从来没接受过的观点，或说服他们改变已有的观点，转而接受一种新的观点。

在这些情况下，发言者必须考虑到听众的性格特征。要具体问题具体分析，就某一话题某一观点而举办的讲座，应该针对某一特定的听众群体，不能随机选择听众。我自己就经常碰到这种局面，我应邀向某些听众就某一指定话题发表演讲，然而根据我个人的判断，被选定的话题却并不适合这些听众。演讲者一定要有这样的信心：听众对他选择的话题是有一定兴趣的，而且他们具有必要的背景知识，能够使这种兴趣被加强。

当然，仅仅知道听众具有基本的理解能力是不够的。发言者还需要相对准确地判断出，听众对自己所要讲的话题的普遍看法是怎样的。如果他们认可发言者将要介绍的观点，那么发言者的任务就在于证实、强化这些观点，以及如果有必要的话，扩展这些观点。相比改变、替换听众的固有观点，这要轻松得多。

要想说服听众改变他们的思想，转而接受一个与他们一直持有甚至坚信的观点相悖的看法，那么就必须以一种坚定但又温和的方式，逐渐去削弱他们的偏见。

根深蒂固的偏见是说服工作的藩篱和障碍。在说服别人接受新的观点之前，必须先拔除那些偏见。偏见一旦被拔除，人们的思想将更加开放，也更易于接受相反的观点。

仅仅考虑到听众的思想状态，以及他们对所讲话题的普遍看法，仍然是不够的；你还必须认清他们对你个人的看法。他们可能对你抱有偏见或疑虑，那样的话，你在尝试说服他们之前，必须首先纠正这些偏见或疑虑，否则它们就会成为障碍。

树立自己良好的人品形象这一点，对于讲座的重要性并不亚于推销术。

如果你无法在讲座开始之前，让观众对你的品格和能力产生良好的印象，那么，你必须想尽一切办法树立起你在所讲主题方面的权威形象。

当然，如果有人帮你做这件事，那无疑是更好的。比如在讲座预告通知中，对你做正面介绍；或者在你登上讲坛之前把你介绍给现场听众。但是，过于依赖这种对你人品形象的初步描述也不保险。以我的个人经验来看，它们通常要么过于夸张，要么不够火候，所以你自己一定要做适当的纠正，向听众呈现出更加真实的自己。

我本人就有一次这样的经历，让我永远无法忘怀。听众所了解到的情况与我的实际情况反差巨大，以致我几乎没办法把讲座再进行下去。

当时的情况是这样的。按计划安排，利亚姆·奥夫莱厄蒂要在那年的 1 月 3 日，在芝加哥市郊向公众做一个关于爱尔兰生活与文学的讲座。但是，他在新年夜庆祝活动中玩过了头，无法如约参加讲座。在最后时刻，该活动的管理人员邀请我替代他，向公众做这次讲座。我们商定，我演讲的内容不再是爱尔兰生活与文学，而是美国教育的现状。

演讲开始前，活动主持人向观众解释了情况，演讲嘉宾不是利亚姆·奥夫莱厄蒂，而是换成了我，演讲内容也不再是爱尔兰生活与文学，而是关于教育的。事情进展到这里，一切都还不错。但是，出乎我和主持人预料的是，有大批听众在讲座开始之后才姗姗来迟，而且由于座位紧张，那些迟到者只能坐在前几排。在那个灯光昏暗的大礼堂内，我只能看到前排落座的那些迟到者的眼睛和脸庞。他们脸上浮现出的困惑和疑惑，搅得我心神不宁。无奈之下，我只好先暂停了我的演讲，耐心地向他们解释：我是谁，我为何在这里，我讲的主题是什么……直到我觉得可以继续演讲了为止。

4

与推销术类似，除了需要建立良好的人品形象来获得观众的认可以外，在讲座中，感性要素也同样不可或缺，如果运用得当，将大大提高说服的效果。前文我已经介绍了在数学等精密科学的授课活动中，应该如何运用感性要素，即授课者简单地利用戏剧化手法，将激情传染给学生们，以激发他们的学习热情。但是，在其他领域，对感性要素的运用要复杂得多。

在以实用为目的的说服活动中，你需要尽量唤起听众的情感共鸣，以利于引导他们按照你的意愿采取行动——当然，也绝不只是唤起共鸣，还要能把他们的情感平稳地引导到你希望的方向上去。但是，教育性发言的目的是理论层面的，而非实用性的，因此对感性要素的运用方式也完全不同。

在教育性发言中，你首先要唤醒的是你自己的情感。对你所要表达的观点，你必须尽可能清楚明白地向你的听众展现你自己的情感态度。无动于衷、漠不关心的态度只能导致死路一条。除非你抱着极大的热情向听众们宣扬你的观点，否则你很难期望你的听众们能提起多大的兴趣，更不用说那种振臂一呼则应者云集的效果了。

在整个演讲过程中，你都可以饱含激情，无论是在陈述所要探讨的问题时，还是在分析解决问题的思路时，抑或是在提供解决问题的答案时。在说服活动中，表述清晰、论据有力和逻辑严谨等虽然也都非常重要，但是只有这些是不够的。当你把私底下所做的种种思考，在讲座中公开呈现给大家时，不仅要让听众们感受到智慧的力量，更要让他们体会到情感的威力；不仅要教授他们知识，还要打动他们的情感；要用你的激情，唤起他们的情感共鸣。

你的论述越抽象，与日常生活经验离得就越远，对听众来说就越发显得太“学术化”，你就越需要想方设法帮听众克服困难，帮助他们听懂、跟上你的论述。具体该怎么做呢？可能这听来比较奇怪，在演讲过程中，你要尽量让自己动起来，多消耗自己的体力，多通过肢体语言同大家交流。

具体来讲，你应该提高音量，加强语气，不断变换站姿，或者用你的头、身体和手臂做出各种肢体动作。在你论述那些抽象的观点时，如果能够辅以适当的身体语言，贯之以适当的能量和激情，将会很好地弱化你所讲述的观点的抽象感，缩小它与现实生活的距离。

在黑板或类似的演示设备上画出所讲主题的概略图，也能起到相同的作用。在讲述的过程中，你可以边讲边用手指着那张图表，也可以做出各种手势。如果现场没有这些展示设备，你也可以因地制宜，用双手在空中勾勒出一个简图来。

“在我的左手边，”或许你可以说，“是其中的一种极端观点，我认为它完全站不住脚。在我的右手边，”这时你把手指向相反的方向，“是与之相反的另一种极端观点，我同样认为它站不住脚。而在中间，这两种观点之间，”这时你把手放在中间的位置上下舞动，“是比较适中的观点，融合了前面两种极端观点中正确的部分。”自此，在你随后的演讲中，你可以通过指向左边、指向右边或指向中间的方式，来使听众持续思考你正在比较和评价的这三种观点。

当你讲到几个连续的观点，并希望听众牢记时，有一个类似的方法，那就是使用手指来提高听众的注意力。“这是第一点。”你可以边说边举起一根手指。“这是第二点。”举起两根手指。如此等等。

在使用肢体语言的同时，也要注意调整声调：当强调重点时，要提高声调；当处于内容的过渡阶段时，则降低声调。

另外，几乎所有人，哪怕他们受过良好的教育，都会受到想象力的局限，如果没有生动活泼的意象或具体直接的案例，思考会变得困难。然而，抽象——而且很多情况下，是相对高度的抽象——又是探讨很多重要话题所必不可少的，尤其是那些涉及基本观念的话题。

探讨这类话题时，仅仅使用具象的词语很难取得好的效果。更为糟糕的是，当人们试图借助想象力或具体直接的案例来增进对这些话题的理解时，想象力或案例非但不能把话题涉及的观念变得清晰易懂，还往往会起到反效果，使整个话题都被曲解，或变得含混不清。正因为如此，必须把听众的抽象思维能力提高到他们的想象力所能触及的水平之外。

5

50 多年来，我做过无数次正式讲座，有的在各大高校，有的面向各种各样的听众。在这些经历中，我得出的与本章探讨的话题相关的一个重要教训就是，无论讲什么话题，都千万不要讲得太过浅显。一旦你那样做，听众们会立即将你否定。想想看，如果你讲的内容他们早已耳熟能详或体察入微，他们为什么还要耗费精力听你讲？

一定要敢于讲得深刻一点！充分调动你的演讲激情及身体能量，运用肢体语言阐释抽象内容，你将完全能够激发听众们的思想潜能，把他们的眼界、见识提升到一个他们从未到过的高度。

即使部分内容完全超出了他们的理解范围，也并无坏处。与以屈尊俯就的姿态讲一些过于浅显的无聊内容让听众感受到羞辱相比，讲一些深刻的内容让他们意识到通过自己的努力得到了某种程度的启发（即使他们清楚自己还是有一些内容未能完全理解），明显是更好的做法。

就像我一直强调的，那些真正伟大的著作，正是那些不管什么人读来都能发现深刻洞见的著作，这样的著作少之又少。也正因为如此，它们才能让我们百读而不厌，每读一遍，便能有新的收获。每次你有了一些理解，你的思维能力便向前迈进了一步，而这也能让你意识到自己还有哪些不足，还需要付出更大的努力。

如果以是否提高理解能力为衡量标准，那么，任何一本能提高你理解力的书，对你本人来说都可谓一部伟大的著作，虽然对他人而言可能并不是这样。读书如此，听讲座同样如此。对一个人来说，一场值得听的于智力有益的讲座，是那些能够增加他的知识、扩大他的视野的讲座。

当然，我所强烈推荐的这一方法——所讲的内容在你的听众看来一定要足够深刻——有两点必须注意的地方。第一点是要准确评估听众的理解水平，这样你所讲的内容才不会超出他们的水平太多，以免他们在听的过程中不知所措、无所凭借。

除了上一点，还要注意，在他们的理解力范围内，要提供足够的内容。对于这些内容，他们能够比较容易地理解，同时，对这些内容的理解，又为他们拓展自己的思维提供了坚实的思想基础。这将鼓励他们更加努力进取。当然，如果说要让讲座这种告知方式对智力发展有什么好处的话，那么延展听众的思想水平就是必须要做的。

人品要素和感性要素在推销术和讲座中，均各自扮演着自己的角色，理性要素同样如此，也同时存在区别。在销售及其他任何形式的实用性说服活动中，说理部分往往非常简短隐晦，甚至到了难以察觉的地步。相反，在一次好的讲座或教育性发言中，逻辑推理部分则应包含内容完整细致、步骤清晰鲜明的论证过程。理性要素应力求不厌其详、淋漓尽致、细致入微。

甚至，连重复都是一种必要的手段，而不应竭力避免。对同一知识点，翻着花样儿地不断重复、再三强调，会大大提高演讲的效果。当需要就某论证做详尽的阐述时——这十分常见，在论证结尾处，应辅以简洁的总结概括，即把整个观点浓缩为一两个简短而醒目的句子。“简而言之”，诸如此类。

6

无论是教育性发言还是说服性发言，除了人品、感性和理性三要素，还有另外两点值得注意——同样可以用两个希腊词语指代：一个是结构（*taxis*），一个是用词（*lexis*）。

结构是指一场发言的组织结构，即构成一场完整发言的三个组成部分的顺序安排。第一部分是开场白，即前言或导论部分；第二部分是发言的主体部分；第三部分是结束语，即结尾或结论部分。

在大部分的推销术中，开场白应该首先尝试树立发言者的人品形象，随后引入感性要素，而理性要素应该放在最后。

推销术，特别是比较简短的推销术，一般拥有相对简单的结构。如果结构过于复杂，篇幅过于冗长，往往会适得其反。很多政治演说都存在这种错误。历史上那些伟大的演说词，有一些可能读起来令人赞叹，而一旦用于演讲，听起来的效果却不敢恭维。当然，林肯的葛底斯堡演说是个例外，它的确是实至名归的经典名篇。

与推销术不同，如果一场教育性发言针对的是以学习为目的的听众，其篇幅可以更长，结构也可以更复杂。开场白的介绍部分，应对整个发言做一个简要概括，比如，阐明发言主要包括哪几个部分，以便听众能提前对整场发言有个大致的预期。如此一来，听众在正式听讲过程中便能够更加认真仔细，紧跟发言者的思路。这就好比去旅行的人在出发之前得到了一张旅行路线图，尽管整场发言没有丝毫停顿，但听众可以随时根据这张地图，确定发言已经进行到了什么阶段。

另外，开场白即演讲的导论部分，还应取得另外一个效果，那就是发言者的遣词用字和语言表达能充分抓住听众的注意力。在演讲过程中，发言者难免会出现吞吞吐吐、言语模糊的情况，也难免讲着讲着就断断续续、有头没尾起来。但是，在发言的开场白部分，发言者绝不能出一丁点儿差错。

在开场白环节，发言者应声音洪亮，吐字清晰，语句简短有力，表达连贯流畅，尽量避免犹豫不决、翻来覆去的情况。这样，不仅能把听众的注意力集中起来，而且为接下来的演讲定下语气、节奏方面的基调。

接下来，演讲的主体部分，其结构安排——各章节之间的衔接、顺序安排、起承转合等——应该完全按照开场白介绍的那样展开。在开场白中，发言者已经告诉了听众他准备讲什么内容，以什么顺序展开，各部分之间是怎样相互衔接的。那么，当实施这个计划时，发言者应尽量明确、清晰地展开，听众才能更好地按图索骥，跟上演讲者的节奏。

如果主体部分由三个子部分组成，那么，每讲完一个子部分，都应对该部分内容做个小结，同时为接下来要讲的内容做好铺垫。如果有必要，也可以反复提醒听众，已经讲了哪些内容、目前讲到哪儿了、接下来会讲什么等，以确保听众跟上整个演讲过程。

在写作中，应尽量避免同义重复，因为读者在阅读过程中，遇到暂时忘记的已读内容时，可以随时翻回前页，因此不需要写作者在后文中来回重复。但是这个理由并不适用于讲话。恰恰相反，讲话时之所以需要恰到好处的重复，正是因为听众无法像翻书那样，随时倒回去重新再听一遍。发言的过程是持续向前进展的，只有发言者重复前面已经讲到的某些内容，听众才能更好地将那些内容牢记于心，进而更好地理解下面的观点。

结束语，也就是演讲的收尾部分，应尽量简明扼要。如果啰里啰唆、没完没了，那无异于失败。应以最简短的篇幅和最清晰的语言，对整个讲座做一高度概括。结束语中的句子，与开场白中的一样，应精心雕饰、表述流畅。语速应缓慢，声音应能向听众传达一种信心，让听众感觉到，今天的讲座已经完美实现了开场白中既定的目标。另外，还应带有发言者的情感流露，通过这种情感流露，让大家意识到讲座的内容对他们是非常重要的。

再说一说讲座的时长。对听众来说，30 分钟到 1 个小时的时长应该是最合适的。但是，有时候讲座的内容可能太多，需要更长的时间。在这种情况下，演讲者最好设置一个短暂的中场休息环节。

我发现，以正常语速需要讲 1 小时 20 分钟的讲座，如果能提前告知听众，当讲完第三大点时，也就是讲座正式开始大约 50 分钟之后，会有一个短暂的休息时间，然后再接着讲剩下的 30 分钟，将会取得非常好的效果。休息时，你可以请观众起立，做三次深呼吸和一些伸展运动，然后再请大家落座，继续后面的讲座。

最后，我们再来看看用词。这里指的是演讲的语言风格或文风，包括遣词造句，尽量避免多义词，如果实在无法避免，应特别提醒听众注意区分该词的不同意思，并指明本处用到的具体是哪个意思。

如果有可能，演讲者应尽量使用那些听众熟悉的词汇。很多时候，演讲者不得不引入几个日常生活中不常见的专业术语，但这种情况应该尽量避免，鲜见的术语越少越好。当使用这些对听众来说奇怪或者罕见的术语时，演讲者一定要着重提醒大家，并给出细致、详尽的解释说明。

有时候演讲者可能还会用到某一日常用词，但是这一词汇在讲座中的意义与用法，与它的日常概念不同，甚至可能大相径庭。这种情况很容易把听众搞糊涂，因此演讲者必须特别留心，要不厌其烦地提醒听众该词语在讲座中的具体意思。

总之，专业术语的数量应控制在最低限度，还要尽量避免使用常用词去表达不常用的意思。这一原则，可以说是通过语言进行知识传递和教育的第一原则，尤其是面向普通大众时。对于模棱两可的时髦话和晦涩难懂的行业术语，都应不惜一切代价去避免。

关于用词的另一条规则可以表述为下面两句话：一方面，遣词造句应该简约而不简单，清晰简明而又不平铺直叙；另一方面，应该雅而不涩、出尘脱俗，清新自然而不令人费解。当然，这些原则说起来容易，真要做好却非常困难。

第六章

准备讲稿

1

只有一种发言是不可能提前做准备的，那就是在宴会上，你突然被宴会主持人喊起来做即兴发言。在这种情况下，你只能充分发挥自己的急智了。不过，唯一值得庆幸的是，在这种场合，没人希望你发表长篇大论，也没人要求你发表多么深刻的洞见。简短说几句幽默风趣的俏皮话儿，只要能与宴会主题扯上点关系就够了。

也有一些发言者，只要能提前了解听众的特点及所要谈论的话题，就有足够的自信做一番即兴发言。但是，除了那些罕见的旷世奇才——他们在不提前准备任何稿子的情况下，就可以发表一场资料翔实、格式完美、修辞绝妙的致辞，诸如你我这样的泛泛之辈，最好提前做好充分的准备。

我的确认识几个这样的天才，芭芭拉·沃德是一个，阿德莱·史蒂文森是一个，马克·范多伦也是一个。他们出口成章，那优美动人的语句、虑周藻密的篇章，行云流水般从唇间滑出，就像年轻的莫扎特笔下倾泻而出的协奏曲、交响曲。我实在不知，他们在讲话之前到底做了怎样的思想准备，也不知他们具体怎么打的腹稿。当然，他们到底是怎么做到这样并不是本书关注的重点，毕竟那种级别的天才已经完全无须理会我在本章中提到的建议了。

温斯顿·丘吉尔给很多人的印象就是这样一位天才演说家。在第二次世界大战爆发后的前几天，我经常守在收音机旁，怀着无比崇拜的心情收听他的演说。他的演说，结构和谐优美，表达流畅自然，间或冒出的迟疑和停顿很好地烘托出他是在发表即兴演说。很多时候，他都似乎在为接下来该用哪个单词而绞尽脑汁、搜肠刮肚。但据我后来了解到的真实情况，他的演说稿都是提前准备好的，而且非常完整，只是他的演讲技巧实在精妙绝伦，使他的演说完全具备了即兴演说的所有特征。

如何才能很好地达到这种效果？我在本章中提出的诸多建议正是这个问题的答案。当然，即使你完全掌握并能熟练运用这些建议，也未必能成为下一个丘吉尔，毕竟，他是独一无二的。但话说回来，我相信我的这些建议，还是能让你的演讲或多或少获得一些丘吉尔式的效果的。

我的建议是，准备发言时，一定要写一篇演讲稿，按某种形式，把你想说的都提前写下来。但首先非常重要的一点是，你要认识到用于阅读的写作和用于演讲的写作之间的巨大差别。听讲和阅读完全不同，在听讲时，你必须紧跟说话者的节奏，听的过程不可逆转；而在阅读时，你完全可以按照自己的节奏，并且只是动动手指翻翻书页，随时可以向前向后。因此，你的演讲稿所要顾及的应该是你的听众，而不是你的读者。

公开发表的论文或出版的图书，作者在写作过程中，当然也会考虑到读者阅读其作品的画面；但相比之下，与听众直接面对面的发言者，给听众的印象无疑更加清晰、真切。再者，人们在阅读文字时，无法感受到作者的肢体语言、面部表情、抑扬顿挫的声音、形式各样的停顿，以及所有其他用于流畅表达的微妙技巧。因此，在你为读者写作时，你必须通过其他方式来实现你希望达到的效果；而在写演讲稿时，你的遣词造句、谋篇布局，应该提前考虑到在发言过程中，每一个字词应该怎样表达，伴随什么样的非语言表达方式，才能取得理想的效果。

除了前文提到的那些天才之外，我们其他人应该很快就能认识到提前准备演讲稿的好处。一篇论文、一本书，其篇幅可长可短，因为读者并不需要一口气把它读完，而口头发言则不同，存在时间限制。也许你事先就知道，你的发言时间是半个小时或者更短；而有些时候，人们又可能希望你的发言时间稍长一些。但无论哪种情况，你都必须在整个发言过程中，想方设法吸引听众的注意力。

希特勒、墨索里尼等人的很多演说，如果人们自始至终全神贯注地听完的话，可能会显得过于冗长。但是，他们毕竟是他们，他们的听众只能老实认真地听讲。而埃德蒙·伯克[①]也是一个喜欢长篇大论的人，他在国会发表的那些伟大演说，经常远远超过一个小时。但是，我们无法忽视的历史真相是，每当伯克起身准备发表演说时，议员们就会陆续离场，几乎只留下他孤零零一人。他的那些演讲稿，本意是给听众们听的，最终却只能印成书留给读者。当然，也或许他早知道会这样，只是蓄意为之罢了。

2

好了，我们这些并非天才的平凡人，还是好好考虑一下摆

---

① 埃德蒙·伯克是爱尔兰著名政治家、演说家。——译者注

在面前的实际问题吧。

我们只有半个小时或一个小时的时间，在这段时间内，我们要设法抓住我们听众的注意力，成功做到这一点后，把我们想要表达的观点、想法，以合适的顺序、方式灌输给他们。对于普通的讲话者来说，如果他认为自己在发言时可以完全漠视时间限制，迎接他的很可能是灾难性后果。对此，我可谓深谙其苦，因为我本人就曾有过这种既可叹又可笑的经历。

那是在 1937 年。当时，马里兰州安纳波利斯市的圣约翰学院刚刚推出了“新课程计划”。我从芝加哥大学赶到那里，举办十场关于亚里士多德哲学的系列讲座，讲座对象是名著阅读课的学生。我犯了一个错误——我大大高估了他们的热情。我以为对于这种课程，他们必然非常感兴趣，因此只要覆盖尽可能多的知识要点，课程时间无论多长都没问题。结果，我那些精心准备、完完整整写下来的演讲稿，即使用极快的语速，两个小时也未必能讲完。

备受煎熬的学生们默默地听完了整堂课，他们还以为刚刚经历的炼狱体验，不过是他们自愿参加的“新课程计划”的新奇特色之一呢。最后，他们渐渐明白，原来事情并不是这样，他们本无须承受这种煎熬。于是，当我第二年再过去举办另一系列的讲座时，他们早已想出了一条妙计，迫使我讲满一个小时后不得不停下来。

1938 年，我在该校进行第一场讲座，时间不知不觉就到了晚上 9 点 15 分，我刚好讲满一个小时。突然之间，铃声四起，学生们带来的所有藏在报告厅走廊里的闹钟，在同一瞬间炸开了锅。无奈之下，我只好等到铃声都停下之后，仓促结束了讲座。

到了第二场讲座，也是晚上 9 点 15 分，一个学生拉断了电源总闸，报告厅顿时一片漆黑。我在讲台上借着微弱的火光看稿子，勉强完成了整场讲座。

最后我终于明白过来，然后对接下来的讲稿做了删减，尽量将其控制在可接受的时长范围内。从那之后，我在圣约翰学院的年度系列讲座就成了校园里的一道风景线，不仅仅是因为我的讲座都控制在一个小时左右，还因为我的每一次讲座上都会出现一些学生们精心设计的机巧搞怪的小闹剧。学生们乐此不疲，连我自己都乐在其中。这也算是对演讲者所犯错误的一种纪念吧，一个被他的听众成功纠正了的错误。

既然时间限制是任何讲话者都不敢逾越的红线，那么提前准备讲稿的原因也就不言自明了。毕竟，如果不提前做好准备，人们讲起话来很容易漫无边际、没完没了。尤其是那些满腹经纶者，一旦打开话匣子，更会不知不觉就超时了。我这里所谓的“漫无边际”，是指在演讲中，就某一小点谈得太多，扯得太远，导致整个演讲时间或内容分配不合理。

为了使整个演讲过程满足时间要求，同时各部分的内容得到合理的时间分配，有必要对整个演讲稿的组织结构做精心布局，并书写下来，在演讲时放在讲台上方便随时看到的位置。就像大多数交响乐团指挥家那样，将乐谱摆在他们身前的指挥台上，一边指挥一边翻页。当然，也有一些指挥家在指挥时不需要乐谱，但是我们要知道，很多指挥家所指挥的曲子并非是他们本人创作的，他们只是拥有非凡记忆力的资深乐师而已。而演讲人，则完全相反，既是演讲者，又是撰稿人。

如果你已经接受我的观点，认可在发言或演讲前应提前准备好演讲稿，那么，接下来，我将提供两种形式的演讲稿，你可以任意选择。一种形式的演讲稿，是你所讲内容的提纲式概述，只需记下一些概括演讲主题或要点的短语即可，不需要写出完整的句子或段落；另一种形式则是完完整整地写下所有演讲字句，内容完整、段落清晰，看起来与用于公开发表的论文并无二致。

在各大学术团体或学术组织的会议上，学者们使用的演讲稿一般都是后一种形式。发言者事先都清楚，他们需要向会议提交书面演讲稿，而这些书面演讲稿，随后将会作为会议论文结集出版。参加过这种会议的人，都清楚这种发言或演讲是多么枯燥乏味。参加会议的人鲜有认真听讲的，因为他们都知道，如果演讲内容的确有可取之处，他们稍后通过阅读可能获得更大的收获。事实上，完全照着写好的稿子念的发言，实在不该拿来折磨人，更不该残忍地苛求别人全神贯注地去听。

只有一些主题性短语的简要提纲，是书面演讲稿的另一个极端。这种演讲稿越简要、越概略、越紧扣主题越好。我第一次在芝加哥大学校友会发表演讲时，讲的话题是如何读好一本书，我写的讲稿内容只用了一张两面用的卡片。就靠着这张小卡片上的内容，我讲了整整一个小时，后来以这场讲座的内容为基础，我写了一本 300 多页的书。

既然如此，那么，我为何又不建议大家经常采用这种提纲式、主题词式的笔记作为演讲稿呢？我的回答是，这种形式只适用于极少数的话题——发言者需要对演讲话题的所有要素都了然于胸、运用自如。此外，发言者已经就此话题做过多次演讲，脑海里已经装满了相关的词语、短语和句子，可以随时拿来做一场表述清晰、结构有序、流畅自然的演讲。

如果情况完全相反，在准备讲座或发言时，发言者需要就所选话题做原创性的深入思考，或者发言者需要将新的思想首次以一种合适的语言表达出来，或者发言者就像我们大多数人一样，并不拥有极为出色的记忆力，不能在演讲时清晰记得那些脑海里最新形成的语言表达，看几眼仅有一两页的提纲式、主题词式的稿子，就能完成一场流畅、精彩、绝无磕绊的演讲，那么，在他演讲时，摆在他眼前的，最好是一份内容更为详尽的讲稿，而不只是一份简单的提要。

3

既然如此，那么发言者是否必须返回到另一个极端呢？那种已被我贬斥为枯燥乏味的形式——那种一字不落、完完整整的演讲稿，演讲者只需向听众大声朗读，而事实上，如果让听众自己默默地阅读那份演讲稿，效果可能更好。这两种极端的形式中间，是否有一些折中方案呢？我想，答案是肯定的，而且正是丘吉尔那些伟大的政治演说、那些听起来完全是即兴演说所依托的演讲稿。

折中方案是这样的，写下完整的句子，可以是单个的句子，也可以是几个句子的组合，以大纲的形式布局，该空行就空行，该分级就分级，该缩进就缩进。这种页面看起来和那种由连续完整的段落铺陈的页面会有很大区别。这不仅仅是因为这种大纲式的布局本身就有比较多的空行、分级和缩进；更重要的是，这种格式下，每一行看起来都很短小，两边都有大量的留白，因此，你在演讲时，只消拿眼一瞟就一览无遗，而后你可以自然地移开目光，就像在脱稿演讲，或者仅仅有一份提纲而已。

相反，如果讲稿是完整的发言内容，是一连串的长段落的话，那么在演讲时，你就难免会显得是在照本宣科，自然也就会引起听众的种种不满、懈怠等负面情绪。如果你在阅读时，试着把目光从眼前的讲稿上移向台下的听众，那么很可能你接下来就找不到读到哪儿了，不得不磕磕绊绊地继续下去直到你找到为止。

相比来说，我推荐的折中方案——将完整的内容以大纲形式布局，每条纲要只有一两句话——不仅可以让你看上去不是照本宣科，还能够让你对第一次谈到的内容做到完全掌控。另外，能够让你准确把握演讲的时间安排，因为，你可以根据过往经验，判断出一个小时的演讲大概需要几页这种类型的讲稿，进而避免由于演讲内容太多而超时。与此同时，你还可以将总的演讲时间精确分配到各部分，以避免在某些点上跑题而浪费太多时间，结果在需要重点展开阐述的地方因时间不够而只能仓促略过。

4

到目前为止，对这种介于提纲式简短主题词大纲和完整的、只能用于阅读的书面论文之间的折中方案，我已经做了很多描述，但可能仍然不能完整呈现我的想法。唯一的弥补措施，就是在本书中举出一个完整的例子，清楚地展示我所推荐的这个方法。

这个例子就是附录一。那是 1982 年我在美国神经外科医生协会的年会上所做的一篇演讲的讲话稿。

他们邀请我去做一场题为“哈维·库欣纪念演说”的演讲。我选了一个我认为非常符合那个活动的话题——思维与大脑的关系，涉及天使、人类、动物，以及被视为人工智能的机器。

我当时已经写过几本与该话题高度相关的著作，一本是好几年前写的，题目为《人类的差异及人类造成的差异》(*The Different of Man and the Different It Makes*)，一本是最近写的，题目是《天使与我们》(*The Angels and Us*)。尽管如此，面对当时那种特殊的场合和特殊的听众，我还是决定重新思考一下我想说的内容，也重新组织一下我的语言，以便演讲能卓有成效。

于是，我采用了我所谓的两种极端形式的演讲稿的折中方案。我把我想要说的内容都写成完整的句子，但是以大纲的形式来写。这样，我在讲出那些句子的时候，不会让人觉得我是在念一篇论文。翻到附录一，你就可以看到我具体是怎么做的，也会明白它为何能达到我所描述的那种效果。

另外，你在附录一中看到的这篇大纲式的演讲稿，还有其他一些指导作用。我认为，本书前面几章讲到的关于五大要素的作用的很多要点在这篇演讲稿中都有具体体现，这五大要素或元素——人品、感性、理性、结构和用词——可使发言更具说服性或更具教育性，还可使发言更绘声绘色、悦耳动听。至于这五大要素是如何发挥作用的，你可以在我这篇《哈维·库欣纪念演说》的讲稿中找到。当然，也有你找不到的，那就是肢体语言、面部表情、抑扬顿挫的声音，以及时不时的停顿等，这些只有在现场听讲，你才会看到。

5

到目前为止，我还一直未谈到在准备这种大纲式发言稿时，一开始应该做什么。我本人在准备时最初的几个步骤是这样的。首先，我会回想一下我过去对这个题目的相关见解和看法，这些都可以在以前出过的书或发表过的文章中找到。然后我会拿出一个很大的黄色便笺本，先在最上面写个大标题“随笔记录”，接着在下面写下脑海里涌现的各种想法，完全不用管顺序，几乎和弗洛伊德式的“自由联想”差不多。这种随笔记录，我可能一写就是好几页。

下一步，我会仔细检查那些笔记，确定哪些观点是有相互联系的，以及如何把那些观点组织起来，成为整篇演讲稿的一个组成部分。然后带着这些想法，我会在纸上写一篇主题词式简短发言提纲，列明导论部分应该包含哪些内容，主体部分应该包含哪些内容，以及哪些内容应该放在最后的结束语或结论部分中。

写好发言提纲之后，下一步就是完整写出附录一那种大纲式发言稿。然后，打印出来，读上几遍，也可在演讲之前再修订一两次。一般来说，演讲结束之后，我会根据演讲的实际效果，对讲稿再做一次修改，然后才存档，以备未来可能还有用途。

让我惊叹的是，人们在实际演讲的过程中总能学到很多东西，而这些东西在你演讲之前是无论如何都想象不到的。听众的反应会直接告诉你如何改进你的发言；你在演讲过程中碰到的各种不顺、挫折，对你而言都是一种提醒，你必须在这些不顺的地方做出调整，以便以后的发言能够更加顺畅。

听众的反应是讲演活动中必不可少的组成部分。通过观察听众的面部表情和眼神，你几乎能够立刻认识到他们到底听懂了多少，你的话对他们产生了什么作用。总之，讲演要卓有成效，听众的反馈是不可或缺的。

也正因为如此，一个明智的做法是，坚持要求演讲会场的灯光能确保你清楚地看到听众。有时候，报告厅的灯光总是让演讲者处于聚光灯下，而听众席却一片漆黑。在这种情况下，你完全看不到听众，甚至无法通过直觉感受到听众的心理活动，仿佛在对着空荡荡的大厅演讲。

演讲人在提前检视演讲的会场时，还应留心下面几个注意事项：灯光效果如何？是否有讲台或讲桌？如果有，其高度是否合适？灯光是否足以看清讲稿？麦克风是否能用？是否有嗡嗡声或其他杂音？会场的音响效果如何？讲话时声音分贝应该控制在什么范围？

只要有可能，以上几点一定要提前检查清楚。如果到演讲开始前的最后一刻，你才发现现场的硬件设施准备不足或出现了问题，此时再来补救可能就为时已晚了。

6

还有一点需要牢记于心。有时候，演讲人在发表演讲之前，会被邀请出席宴会；有时候，他们在正式演讲之前，需要先就该次演讲接受媒体的采访。无论哪种情况，演讲人都有可能不知不觉就把自己的演讲内容提前透露了出去。这是极其严重的失误，一定要避免。

在登上讲坛，站在讲台前正式开始演讲之前，演讲人务必要坚持拒绝提前谈及该讲座中的话题内容。另外，如果在演讲正式开始前的一小时内，你不得不就其他话题与人展开对话，那么你至少要做到，在大幕升起前的 10 分钟或 15 分钟内，一个人安静地独处。这或许有助于你休养生息，恢复精力，修复嗓音，从而以更好的状态投入到接下来的演讲活动中。

在回复邀请函中有关演讲出场费的内容时，在那个尚不存在通货膨胀的时代，马克·吐温习惯的答案是：演讲本身是 250 美元，但是如果演讲之前需要参加宴会的话，那么酬金就要翻倍。

我以上谈到的这些要点，针对的都是与听众直接面对面的现场讲话，这些要点大多数都同样适用于向电视机前的观众做的直播演讲，以及预先录制稍后播出的讲话。自动讲稿提示器取代了讲台上的书面讲稿。如果你能娴熟灵巧地运用这个设备，让电视机前的观众完全感觉不到其存在，那么你的演说就会像未经排练的即兴演说那样，对听众具有莫大的吸引力和感染力。

电视中的讲演者，无论是现场直播还是录播，都具有一个在演讲厅演讲时不具备的优势。他的眼睛只要直接望着摄像镜头，那么，在电视屏幕前的观众看来，他就是在望着电视机前的每一个人。而当有人直视你的眼睛时，很容易吸引你的注意力，如果你直接把目光移开，就会显得很不礼貌。

相反，在演讲厅或礼堂里，无论灯光效果多么完美，演讲人都不可能直视现场所有人的眼睛。你可能把视线集中在某一个人或某一小群人身上，但在演讲的过程中，你的目光必须不时地扫过全场，当你并不直视一些人的时候，他们就会把视线从你的身上移开，不那么专心听了。

通过电视发表演讲也有一个劣势，那就是你将十分盲目。你知道观众会在电视机前，但是你看不到他们的面容，感受不到他们的存在，无法从他们的身体动作或面部表情上搜寻蛛丝马迹，以辨明他们到底是心不在焉、昏昏欲睡，还是聚精会神、陶醉其中。因此，相比与听众直接面对面的演讲活动，进行这种你根本无法从听众那儿得到任何反馈的演讲活动更为困难。

第三篇

缄默式倾听

第七章

用心倾听

青春年少时，任何人都具有一种天赋，那就是，他们懂得倾听。他们在自己说话的同时也能听人说话。后来，年华渐长，很多人变得越发疲惫，也越发不愿意去倾听；当然，仍有少许人，初心未改。终于，他们都老了，也都彻底听不见了。这真可悲，咱们还是不要讨论了。

——格特鲁德·斯坦因，桑顿·怀尔德转述

1

虽然耳朵与眼睛毫无可比性，然而就像眼睛可以闭上一样，耳朵也可以塞起来。有时候，我们闭目塞听，更多时候，则是充耳不闻、视若无睹。这没什么关系，因为不管是哪种情况，如果心有旁骛、神游太虚，耳之所闻、眼之所及也都将变得毫无意义。

倾听，与阅读一样，都是大脑的思维活动，而绝非止于耳朵或眼睛。如果没有大脑活动的积极参与，那么听的过程就只是听到，是被动地听而非主动倾听，看的过程也只是看到，是浏览而非阅读。

关于倾听和阅读，人们最常犯的错误就是认为只需消极被动接受，而无须积极主动参与。但人在写作和讲话方面却不会犯这种错误，人们都深知，写作和讲话是通过书面交流或口头交流的形式与他人进行思想沟通的过程，不仅耗费体力、精力，而且需要持续不断地集中注意力。人们也都认识到，人与人的写作和讲话能力参差不齐，有些人的技巧更加娴熟出众，而且，这些人通过掌握写作和讲话的艺术、技巧，并不断付诸实践使其成为一种自然而然的习惯，让写作和讲话能力得以不断提高。

就像我在《如何阅读一本书》中所指出的，关于阅读，应该掌握的第一堂课就是：阅读——要用心去阅读，而非仅用眼睛看——必须在任何层面上都要像写作那样积极主动。消极阅读仅仅是用眼睛浏览，大脑却没动，这种阅读根本算不上阅读。

这种消极阅读，类似于纯粹为了消遣或消磨时间而看电视，无所觉地看着电视里的那些画面飞快地从眼前掠过。很多年轻人都有这种看电视的习惯，他们花费大量的时间在电视屏幕前，而智力思维却处于休眠模式。这一坏习惯漫延到阅读中，使得他们也自然成为一个消极阅读者，只是一页又一页地翻书，丝毫不去留意或者顾及书中字词的深刻含义、篇章的结构安排、情节的发展方向等。

有一个类比我以前已经用过，在这里仍有必要再次引用。在棒球比赛中，身披护具的接球手同投手区的击球员都需要精神抖擞、全神贯注。在橄榄球比赛中同样如此，接传球的前锋与掷球的后卫都需要集中精力、全力以赴。在这两项运动中，接球的一方都必须积极参与才能很好地完成比赛。可以说，接球与击球、传球同等重要，同样需要很高的技巧，尽管具体技巧内容不同。如果没有双方的共同努力及通力协作，那么比赛将无法进行。

通过语言文字进行沟通交流同样如此。除非阅读者或倾听者主动去理解写作者或讲话者的所思所想，真正的沟通交流才能实现。当然，阅读者和倾听者借助的媒介，就是这些书面文字和口头文字。如果我们只是用眼睛或者耳朵机械地看字、听话，而不是用心穿透这些文字的表象，挖掘其背后所传达的真实意思，那么我们就不能说自己真的是在阅读或倾听。相反，这种情况下的交流就是彻底失败的，会造成损失，纯属浪费时间。

当然，犯错的并不总是阅读者或倾听者一方。就像棒球比赛中，接球手没能接到坏球并不是接球手的错。同样如此，也有一些文字或言谈，要么意思表达含糊不清、自相矛盾，要么遣词造句云山雾罩、令人费解，这样的话，即便是再优秀的阅读者或倾听者也难悟其中三昧。写作者或讲话者如果不能以某种适当的方式把他的想法、观点表达出来，就不值得别人花费多大心思去理解，甚至完全无须理睬。

因此，在探讨积极高效的倾听需要付出怎样的努力，以及需要哪些技巧时，我首先假定，被听的内容并不存在上述缺陷或瑕疵，而是值得我们集中精力认真倾听的，只要我们耗费了大量的心血，用了所有的倾听技巧，就能够取得预期的效果，准确地掌握讲话者想向我们传递的信息或想法。

为了方便起见，我们的讨论暂且忽略推销术与讲座的区别，先不管二者在目的与形式方面的差别。稍后再具体分析当面对推销术时，倾听者应该如何抵御或破解商品兜售者的伎俩、政府政策倡议者或选举人的雄辩，以及力图推行某项商业决策的企业管理者们的忽悠。类似的，我们还要分析，在面对讲座等教育性发言时，倾听者怎样才能做到批判地学习吸收，既避免消极抗拒或无动于衷，同时又不必照单全收、囫囵吞枣。

2

倾听之重要性，众所周知。人们还不得不承认的是，在通过语言文字进行沟通交流的四种方式——听、说、读、写中，听的方式往往是人们运用得最差的。

任何人只要稍稍一想，就会毫不犹豫地承认，不管他掌握了多少写作、阅读和讲话领域的技巧知识，掌握的倾听方面的技巧都只会更少，甚至是一片空白。至于个中原因，有一点便是，在人们受到的学校教育中，关于写作技巧的教育占有相当大的比例，人们也都为之付出了不少精力，尽管关于阅读和讲话技巧的教育很少（少到异乎寻常、让人震惊的程度），但聊胜于无，而关于倾听技巧的教育却几近于无。

另一个可能的答案是人们对倾听的一个错误印象，认为倾听无非是在别人讲话时保持安静就够了。诚然，在人与人的交流中，应保持良好的举止，但这并不能代替技巧。

我们都应感激美国斯佩里（Sperry）公司，正是这家公司，通过投放广告、发布宣传册等形式，不遗余力地矫正人们心目中普遍存在的对倾听的漠视和误解。不仅如此，斯佩里公司还投入大量时间和资金，开发有关倾听的课程，并对公司所有员工开放。斯佩里公司如此重视倾听的根本原因在于，他们充分认识到，倾听技巧的缺失、倾听能力的薄弱，以及由此带来的沟通交流的失败，正是导致公司各阶段业务运营中普遍存在时间浪费、运营低效、计划失控、决策受挫等诸多问题的罪魁祸首。

斯佩里公司的一份宣传册中这样写道：关于人们沟通交流过程中的四项基本活动，人类在整个成长发育过程中，最先学习的就是倾听，一生中用得最多的也是倾听，占了一生听说读写总时间中的 46%，然而，倾听教育却是学校最不重视的。

人们第二个学习的是说话。在人们用于听说读写的总时间中，说话的比例也高达 30%，但和倾听一样，几乎不会被学校教授。另外，人们对阅读的学习一般也早于写作，阅读的时间占比也明显更高（阅读为 15%，而写作仅占 9%），但关于阅读的指导同样不如写作方面多。

这些事实和数据是否可信暂且不论，然而有一点毋庸置疑：大多数人掌握的有关说话和倾听的技巧，是远少于写作和阅读技巧的。如果说普通的中学和大学毕业生的读写水平糟糕（在这些基本教育内容上，他们已经差得不能再差了），那么他们的说话水平肯定糟糕数倍，而倾听能力又肯定是最惨不忍睹的。

我上文提到的斯佩里公司的宣传册中，列举了一些干扰、妨碍有效倾听的坏习惯。其中包括：把个人精力更多地用在关注发言者的言谈举止上，却忽略了讲话的实质内容；表面上佯装听得聚精会神、津津有味，其实却在胡思乱想、神游太虚；很容易受到各种各样的干扰，注意力总是无法集中在说话者及其讲的内容上；对某些负面性的敏感字、词、句过度反应，任自己的负面情绪泛滥，从而对整个讲话预设否定态度；听讲前就报以散漫的漠然态度，根本提不起兴趣倾听讲话者解释其发言内容的重要性，以及自己为何应该感兴趣；最后，也是最坏的一个习惯是，在听讲时完全做白日梦去了，以致最后什么都没有听到。

这些坏习惯，就算我们自己没有，也总会在别人身上发现。为了帮助大家克服这些坏习惯，斯佩里公司的宣传册同时列出了“高效倾听的十大密匙”。其中罗列的大多建议，都不过是禁止大家做这做那，以克服、改掉上文提到的妨碍有效倾听的坏习惯。

少数几条积极正面的建议，都提到了用心倾听。当然，这一点，也正是高效倾听之要义所在。即在倾听时应专心致志、心无旁骛，屏蔽掉一切不相关情绪的干扰；应随机应变，内容越有难度、越复杂，听的时候就要越努力，精力也要越集中等。但是，仅仅强调用心倾听是远远不够的。

除此之外，倾听者必须在一开始就抱着虚心的态度，相信自己会对讲话内容非常感兴趣，它对自己非常重要，值得一丝不苟地去倾听。尽管随着讲话的进行，你可能发现事情并不像你一开始想的那样，但是在讲话真正开始前，倾听者应抱着开放的心态和专注的注意力。当然，只有这些仍然不够。

3

除了用心倾听、心态开放、态度谦逊之外，还有什么积极正面的建议，能够帮助大家培养建立高效倾听的良好习惯吗？

我的答案是，高效倾听与高效阅读的原则、方法，本质上是相同的。请先不要大惊小怪。这是因为，倾听与阅读在对脑力思维的参与要求上，是高度类似的。

无论是倾听者还是阅读者，作为信息接收方，他们的大脑思维都必须透过语言文字的表面，领会它们背后的深层想法、观点。首先要跨越语言对理解所造成的障碍。讲话者或写作者的词汇库，与倾听者或阅读者的词汇库，总会存在或多或少的差异。毕竟，同一层意思，可以由不同的语言文字、不同的表达风格来呈现。因此，无论是倾听者还是阅读者，都必须竭尽所能地去理解发言者或写作者的真实意思。倾听者必须尽力从发言者的语境去理解，就像读者需要从作者的语境角度去理解一样。换句话说，关键在于理解其中的观念，而不用在意它是如何被表达的。

无论在阅读过程中还是倾听过程中，都有必要把代表讲话者或作者主要观点的句子记录下来。讲话内容或写作内容，都有主次之分、轻重之别，切不可一视同仁。事实上，无论在讲话里还是在书面文字里，真正重要的句子都非常有限，往往就那么几个。倾听者或阅读者必须能准确识别并划出这些重点，标注在脑海里，以区别于其他那些辅助性、过渡性或仅仅用于修饰、铺陈的表述等。

一场完整的发言，无论是长还是短，都像一篇书面文档一样，是由不同的部分组成的。如果值得一听，那么其结构（组成整体的各部分之间的组织形式）和脉络（各部分之间的转承、衔接关系）就应该是简明清晰、连贯一致的。因此，听众应像读者那样，努力认清组成整体的各部分之间的关系和脉络。

另外，与写作者类似，发言者也往往会有一些总揽全局、支配全篇的目的、意图，支配着整场发言的内容和形式。因此，听众也和读者一样，越早掌握到这一支配性的目的或意图，就越能分辨出整个发言的主要内容和次要内容，也就越容易准确理解发言的主旨。

理解发言者想表达什么，认清他是怎么表达的，找出发言者在导出结论时给出的原因或论证过程，是高效倾听中必不可少的步骤，就像高效阅读时做的那样。当然，这些还远远不够。毕竟，不管要理解什么东西，也不管是通过阅读还是倾听，都意味着接受者将形成自己的观点和立场——同意或者不同意。

当然，也有例外。比如，接受者认为自己尚不能充分理解听到的内容，因此不足以得出肯定或否定的结论；或者，接受者可能认为有些内容还需要进一步解释或论证，那么也暂时无法形成自己的观点和立场。面对这些情况，一个具有批判精神的听众，应该像一个批判性读者那样，不贸然给出结论，而是静待时机成熟再做评判。

4

在《如何阅读一本书》中，我对如何充分阅读那些内容深刻、文笔优美的好书，提出了一系列规则。首先，是关于如何分析一本书的整体结构和各部分的脉络安排。读完一本书，应能说出全书主旨，以及各部分之间是如何循序渐进、有机服务于全书主旨的。

其次，是关于如何解读全书的具体内容：找出作者描述全书核心观点所使用的概念词汇；确认作者提出的主要观点或论点；识别出作者用于支持或辩护那些观点的论据；并指出作者通过本书所解决的问题，以及本书悬而未决的问题，不管作者是否意识到。

然后是关于如何对全书进行批判：指出作者应谈而未谈及的内容，或引用、表述错误的地方；挑明作者对正确前提做出的错误推论，以及找出书中作者分析或论证不完备的地方。

当然，前面已经提到，这些规则很明显只适用于读重要著作，甚至伟大的著作。唯有这些，才值得人们花费大量的时间和精力。

相对来说，不管场合多重要，内容多丰富，发言内容的篇幅及复杂程度都不可能像一部重要或者伟大的著作那样。因此，这些阅读规则，必须加以适当的精简和改良，才能应用于同书面交流差别巨大的口头交流活动中。

再者，读者在读书时，可以不受时间的限制。为了加强自己对全书的理解，明确自己的批判性观点是否正确，读者可以对全书一读再读，反复阅读。

与阅读过程恰恰相反，倾听的过程受到时间的严格限制。

我们只能听一遍别人的话，且倾听的节奏也是由讲话者的节奏来决定的。我们不能突然打断他们，并让他们重复刚刚说过的话，而在阅读中，我们则可以随时往回翻看前面读过的章节。我们也不能举手示意讲话者，让他们先暂停一下，以方便我们消化吸收他们刚刚讲述的内容，而在阅读中，我们则可以随时放下书，思考刚刚阅读的内容，无论思考多久都可以。

另外，还有其他一些因素导致积极倾听不像积极阅读那样容易做到。比如，你在倾听时，并不需要特意使出什么力气，而在阅读时，你手里则要拿着一本书，这至少也是一种行动。另外，你在倾听时，并不需要睁着双眼，甚至完全可以消极地紧闭双眼，放空大脑，却仍能装出一副认真倾听的样子。而你在读书时，哪怕是在装模作样，也要把眼睛睁开。

倾听与阅读之间的这些差异，不仅解释了为何高效倾听比高效阅读更加难以实现，同时也意味着，成为一名优秀的倾听者所需要的用来指导大脑思维的规则要简单得多。

成为一名好读者的精髓，就是做一名永不满足的读者。所谓永不满足的读者，就是在阅读的过程中，始终保持清醒的头脑，不断提出各种问题。相反，消极阅读只是拿眼睛扫过文字，而不用思维去理解文字背后的含义，因此整个阅读过程也会变得毫无意义。

好的倾听者与好的阅读者一样，也是永不满足的——在倾听的过程中，始终保持着清醒的头脑，同时在脑海里储存有关讲话内容的各种问题。

我曾经在别的场合总结过永不满足的读者在阅读中必须要问的四个主要问题。当然，阅读的必须是值得阅读的书，能让人受益匪浅，能让人身心愉悦——至少不能是为了消磨时光或自我催眠。在此，我会试着对那几个问题稍加修改，以适用于倾听的过程。

不管倾听何种形式的发言，从需要的时间长短来看，都更类似于阅读一篇文章或论文，而不是读一整本书。与文章或论文类似，发言的篇幅往往更简短，整体框架也更精练，各部分之间的组织结构也更简洁。因此，相比此前推荐的阅读一本书时要问的问题，在倾听过程中用到的问题可以简单很多。这些问题主要包括：

（1）**整场发言的主旨是什么？**即发言者到底想表达什么，如何表达？

（2）**主要观点或核心观点是什么？**结论是什么？论据有哪些？在表达这些观点、陈述结论和展示论据时，发言者用了哪些特别词汇？

（3）**发言者的结论是否合理，是否存在谬误？**论证得是否充分？是否还存在某些方面的不足？发言者的思想触角是否足够深远，是否仍存在与主题相关却未能触及的领域？

（4）**整场发言的意义有哪些？**发言者得出的结论能带来哪些影响？这些结论对我本人有什么重要价值或重要意义？

当然，在倾听的过程中，尽管我们可以把所有这些问题都塞在脑海里，但是对于绝大多数人来说，在认真听一场正在进行中的发言时，几乎是不可能同时回答所有这些问题的。因此，在听讲结束之后，通过回顾听到的内容一一回答这些问题，就成了倾听不可或缺的附属环节。如果在听讲过程中不能找到这些问题的答案，那就必须在事后通过回忆的方式来解决。

要想读好一本大部头书，或者只是读一篇小论文，仅仅靠不知疲倦、最大限度地调动大脑思维的积极性是远远不够的。好记性不如烂笔头，还要随手拿支笔边读边记。可以直接在书上做标注，比如书页两侧的空白处或页底处，也可以在书旁放置一本便笺，在阅读时随手记下自己的所思所想。

由于倾听演讲或其他形式的口头讲话，本质上都比阅读书或论文要困难得多，在听讲过程中，纸笔就更加不可或缺。好的倾听技巧本身就包含着好的记笔记技巧：既要懂得在听讲过程中如何记笔记，又要懂得在结束之后如何进一步整理笔记，并通过复习笔记内容，对所听内容做进一步消化反思。在此基础上，要不断地重新梳理笔记，更完整地呈现出听讲内容，同时记录下这些内容对自己有何影响、有何启发。

在《如何阅读一本书》中，我指出了这样一个事实：尽管我们大多数人在大多数领域都很难取得很好的阅读效果，但是如果涉及利益，让人有充足的动力，那么在某些特定情况下，几乎每个人都能取得不错的阅读效果。为了阐述这一看法，我当时写道：

> 那些平时粗枝大叶、马马虎虎的同学，可能会由于一些特殊的原因，去非常认真地阅读某些东西。那些专家学者，在大多数时候都像我们一样漫不经心地阅读，但在他们自己所擅长的狭窄领域，就会字斟句酌，读得非常细致。如果他们的声誉来自他们的所写所说，则尤其如此。比如，在阅读与自己业务相关的案例时，律师就不仅会阅读，还要做分析批判；同样，医师在阅读那些描写自己正

关心的病症的临床报告时，也会非常认真地去琢磨、去理解。但是，纵使是知识渊博的专家，在一些无关紧要的时刻，阅读一些不大相干的资料时，也不会那么认真投入。而哪怕是唯利是图、不学无术的商人，当面对财务报表或合同时，也会立刻振奋精神、专心致志，像做专业学术研究那样逐字逐句地认真分析解读……

无论男女，也不管其职业或工作，我能够想象到的，只有在一种场景下，他们会立刻情不自禁地打起精神，以少见的热情和努力去阅读。那就是当人们处于热恋中，阅读恋人的情书时。他们会尽其所能把情书读透读烂；他们会把每一个字都反复咀嚼；他们恨不得把字里行间的蛛丝马迹都搜索殆尽；他们会把整篇情书掰开了读，会把情书的每一部分揉碎了读；他们会越发敏感，上下文的语境、模棱两可的语句、伏线千里的影射、寓意深远的暗示，无不让他们疑神疑鬼、神经兮兮；他们会揣摩字词的颜色、短语的味道和句子的重量。他们甚至连标点符号都不放过！那么，且不管过往是否有过，也不管将来能否再有，至少，在那一刻，真正的阅读发生了。

上述关于阅读的真相同样存在于倾听中。我们很容易就能想到一些所有人都会认真倾听的场景，就好像在读情书的时候，每个人都能展示出超常的感知和洞察力。我想，列出下面这一个场景就够了，其他例子大家可以自由想象。

设想一下，你所搭乘的航班正在浩瀚无垠的大海上飞行。突然，飞机广播传来机长的声音："我是机长，正在驾驶舱向大家讲话。我们将在 12 分钟后紧急降落。下面，我会给大家讲一下迫降程序，以便大家提前做好准备，还望各位乘客认真收听。在我讲完后，机舱乘务员会在通道帮助大家，解答你们的疑问。请大家不要惊慌，有足够的时间供你们提问。如果大家都理解并遵守我们的操作指南，就不会发生人员伤亡。"

在这种情况下，你还敢不集中全部注意力，去努力听清每一个字，彻底理解每一句话吗？或者，万一真有没听清或没听懂的内容，你敢不追问到底吗？

第八章

好记性不如烂笔头

1

在我写的所有著作中,《如何阅读一本书》自 1940 年出版以来已经被翻印多次，拥有众多读者。读者的生活被这本书影响，他们因此对我充满感激，这也让我十分高兴。这本书让他们的阅读变得更有益，也更充满乐趣，为他们打开了伟大著作的思想宝库之门，带来了一生都取之不尽、用之不竭的思想源泉。

在我所写的所有文章中,1941 年那篇发表在《星期六评论》上的《如何标注一本书》，无疑是被收入各种文集或学生教材中次数最多的一篇。在《如何阅读一本书》中，我强调了用心阅读的必要性，即总是带着批判的思维去阅读。这并不一定需要笔或笔记本。但是，如果你想确保自己能够持续不断地用心去积极阅读，那么，最好的办法就是在阅读过程中，一页一页地认真记笔记——不是躺在床上或窝在扶手椅里，而是端端正正地坐在书桌前。

边读边记笔记是一种卓有成效的方法，非常值得向那些容易陷入消极阅读的读者推荐，当然这并不绝对。在听讲过程中，如果发言内容非常简短，那也没必要记笔记。但是，如果你知道发言内容较长，而且比较复杂，我建议你最好在听讲之前准备好纸和笔。除非你对自己的记忆力有绝对的信心，如果没有，我真的建议你做好笔记。当然，前提是你要听的发言有足够多的实质内容，对你足够重要，否则也没必要大费周章。

如果说边听边记会获益良多，非常可取，那么边听边说的效果就完全相反了。

你在听讲时做的笔记，记录了你的大脑思维对你听到的内容所做的反馈。有了这份记录，你就可以进入第二个阶段了，在我看来，第二个阶段对听讲活动同等重要。在听讲过程中记下的笔记，以及你脑海里留存的记忆，就是你对整个发言内容进行深入思考的基础。

深入思考之后，你应该对笔记进行第二遍梳理，使之更加条理化，更加综合化，也更富批判性。有了这些结论性的笔记，积极倾听的整个任务才算完结。你已经尽可能地调动了自己的脑力思维，对整个听讲过程中所听、所想到的值得留意和评论的内容，做了充分加工、处理。

这两个阶段的笔记之间的主要区别在于，第一阶段的笔记必须紧紧跟随发言者的节奏，而第二阶段的笔记则完全根据自己的时间节奏来安排。另外，你在听讲过程中匆匆记下的笔记，其顺序完全由发言顺序决定，而在记第二阶段的笔记时，你是完全自由的，完全可以根据自己的意愿来安排顺序，只要能更好地理解你所听到的内容，并表达自己的看法就好。

可能有一些人，为了节约时间，想边听边思考，把一、二两阶段的笔记同时在听讲过程中完成，不仅记录下重要的发言内容，同时记录下对发言内容的所思所想及由此形成的观点和看法。但是，这样做不仅会大大降低记录的准确性，同时也会使你漏听大量发言内容。因为，当花大量精力进行自己的思考时，很难一心二用兼顾到发言者所讲的内容。

即使你不想根据事后反思梳理出第二阶段的笔记，从而完成积极倾听的整个任务，也不要去犯这样的错误，在听讲过程中同时记下自己听到的发言内容和自己内心的想法。那些在听讲过程中将更多精力用在表达自己的看法，而不是发言内容上的倾听者，是非常差劲的倾听者——他们在内心深处更希望是自己在发言而不是听别人说。

在前面几章，我把连续性发言分为了两大类，不管其篇幅长短。一类是以改变倾听者的行动为目标，要说服他们改变对某事的做法或感受；另一类是以改变倾听者的想法为目标，是为了增加他们的知识，改变他们对某些知识的理解，或者让他们用不同的方式去思考。

我把第一类概括为“推销术”或说服性发言，而把第二类概括为“讲座”或教育性发言。但读者们应该还记得，我在采用“推销术”和“讲座”这两个词时，它们的概念外延被我最大限度地扩大了，前者涵盖了政治演说、商业谈判及其他所有形式的营销式发言，后者也涵盖了所有形式的教育性发言。

由于我们应对两种形式发言的方式截然不同，因此很有必要分开讨论一下，在听说服性发言和教育性发言时，分别该如何记笔记。下面，我先讲讲在听教育性发言时，具体该如何记笔记。

2

在听讲教育性发言的过程中所做的流水账式的笔记，至少应包括以下四个部分。

第一，如果发言内容本身组织结构优美，准备过程中充分考虑到了如何尽可能方便听众听讲，那么发言者就会在开场白中阐明他发言内容的梗概。他会以高度凝练的语言概括出整个发言的主旨。如果他是个有条理的发言者，他甚至会在发言开头就告诉你，他将会如何展开论述他的观点，如何一个要点一个要点地推进他的发言主题，直到引出他想同你分享的最终结论。

如果是这种情况，我们就必须从发言的一开始就记笔记。很多听众在发言开始时进入状态较慢，往往在发言开始很久之后，才会草草记下一些笔记。他们在调动大脑思维积极倾听方面，总是显得迟钝，难以快速地适应发言者，结果总是会漏记很多至关重要的笔记。

当然，并不是所有发言者都那么有条理性，也并不是所有发言者在准备发言稿时，都会尽可能地为听众考虑，以方便他们更好地听讲，并在发言的开头部分就告诉听众哪些内容应该特别重视。如果他们没这么做，那么他们的开场白就会显得杂乱无章、毫无条理。

面对这种情况，你要特别提醒自己，记笔记会变得非常困难。你要时刻保持警觉，等待发言者不定什么时候在不着边际的内容中，提出自己要谈的主题。你无法干涉，更无法阻止发言者发散内容，但是自己一定要足够克制，保持清醒，不要被带偏。你要时刻把耳朵竖起来，高度集中注意力，随时捕捉发言者嘴里突然冒出来的关键信息，并迅速用笔记下来。

第二，如果你面对的发言者非常为听众着想，那么，他应该会意识到，他用到的概念性词汇——他将用到的一些基本术语——很可能并不为人所熟知，因此，他会特意提醒大家留心。

在第一次用到某个术语时，发言者应该会说，“这个词语用在这里的意思是……”或“请大家注意，当我使用 ××× 这个词语时，我的意思是……”。务必注意，你一定要记下那些发言者特别提醒你留意的词语。如果留意不到发言者对某些词语或短语的特殊用法，你就很难跟上他的思路。这将成为你理解发言内容的严重甚至致命的障碍。

一些粗心大意或考虑不那么周到的发言者，可能在使用一些不为人熟知的个人化词语时，没有就这些词语在当时语境下的特殊含义对听众做适当的提醒和解释，那将会大大增加听众的理解困难，同样也就需要听众更加专注，做出更大的努力。你必须尽力捕捉发言者所使用的一些词汇，知道它们具有特殊意义，或者至少和你自己理解的意义有所不同。要尽可能多地记录下这些词语或短语。

第三，对于那些发言者希望听众采纳的结论，在论证过程中，逻辑严谨的发言者——当然，很不幸，这种人实在少得可怜——会首先说明他这些推理过程的前提。

可能有一些前提包含了并非确信无疑的陈述，存在合理疑点，或者虽有较大的概率正确，但绝非毫无疑问。由于时间的原因，发言者不可能对每一个前提都做出充分彻底的解释。

逻辑严密的发言者会提请听众暂时接受他的前提假设，以此为基础，看看能得出什么结果，看看怎么能推导出他所希望得到的结论。记住，一定要把这些假设记录下来，这非常重要。不管发言者是否承认，它们都只是特殊语境下的假设而已，既非公理或显而易见的真理，也非证据确凿的原理等。

很多发言者都未能把他们的预设前提交代清楚，也没有特别提醒大家注意他们整个论证过程所依托的那几个论断。他们可能只是拐弯抹角或隐晦含蓄地提示一下而已。在这种情况下，你也要保持警醒，找出那些支撑全篇的基本前提、原理和假设。如果它们隐含在字里行间，而没有被明确摆出来，那么记笔记就会变得更加困难，可是也更有必要。

第四，你听到的发言内容应该基本都遵循从出发点到结论的发展过程，在这一过程中，穿插着推理论证、旁征博引及结论的形成，当然，这些内容或直白铺陈或隐藏于字里行间。这些推理、论据和结论表述得越直白浅显，你就越容易记笔记。

但是无论难易，你都必须竭尽所能，以速记的形式快速记下发言者是怎样一步步引导你从出发点到最终结论的。

不管发言者是否提前揭示了他希望给出的最终结论，也不管他是否明白无误地陈述了这些结论的推理过程——尽管他应该那样做，你都必须把结论记下来，否则你就根本无法在听讲过程中记好笔记。

如果在听讲过程中，你已经做到了所有上述四点要求，那么你的流水账式的笔记不管多凌乱潦草或简略疏漏，都足以确保你能够依据它们进入第二个阶段，通过回忆所听的内容，并对其进行思考，进一步地消化吸收，最终形成自己的立场、观点。

这一阶段并不需要在听讲结束后立刻着手去做，一般情况下，当时的时间或环境条件也不允许。当然，你如果真想做的话，还是不能拖得太久。毕竟，你留存在记忆里的内容越新鲜、越丰富、越生动形象，就越容易做，等到其变得陈旧淡薄、支离破碎、朦胧模糊时，就比较困难了。

3

在整理第二阶段的笔记时，应做到以下几点。

第一，不管发言者讲得是否条分缕析，你在整理笔记时，都应尽可能地把讲话要点梳理得条理清晰。你可以提取你的流水账式笔记的要点，然后结合自己回忆的内容重新对其进行提炼、整理和修饰。虽然随堂笔记一般都是速记形式，比较简短、扼要，但是在第二阶段回顾整理的笔记，则应尽可能翔实、细致。

如果发言者提前准备了一份条理清晰的笔记作为发言大纲，那么从理论上讲，这种通过回顾整理出来的摘要，就应该差不多等同于这份大纲的精华版，甚至应该是发言内容完整书面记录的删减版。哪怕做不到完整详尽，也至少要保证与发言者的内容一致，不存在偏差。

第二，有了随堂笔记这样一份摘要（包括发言者的基本前提假设、有特殊含义的关键字词或术语、结论及论证过程），你就可以认真反思、消化吸收了。积极倾听一篇发言与积极阅读一本书一样，表达自己的感想、看法都是其中的重要环节。

如果你已经准确无误地理解了发言内容，并对其结论完全赞同、毫无异议，那么你唯一的反应可能就是道出一句：“太棒了！”这种情况可能会发生，但绝不常见。

首先，如果情况并不那么完美，那么你的首要任务就是记下不明白的地方。发言者为何提到这些或那些内容？为何他认为他提到的那些原因或论据足以支撑他的结论？为何他不对可能引发的反对意见做出评论？一些词语，他使用的是其某种特殊含义，但他却并没向大家做出明确解释，那他到底指的是什么意思？

其次，对于那些你认为已经充分理解的要点或事项，不管是否认同发言者的观点，你都应该表明你的看法：认同什么，不认同什么。如果你想以更加审慎的态度对待自己不认同的部分，那么最好讲明你的理由。即使那些你深表认同的部分，你也可以记录一下，到底让你信服的是发言者提到的理由，还是基于你自己想到的其他原因。

再次，在你理解你听到的内容之后，你也并不一定就能形成认同或不认同这样明确的看法。你也可能发现，发言者的论证过程并不能很好地支撑其结论，而你自己也想不到肯定或否定他的结论的其他理由。在这种情况下，你应该注明你的看法是悬而未决的，即在你对此问题形成明确观点之前，还有更多工作要做，可能是你自己去做，也可能是其他人去做。

最后，认同也好，不认同也好，悬而未决也好，听完讲话之后还有一件事要做。假设发言者的结论非常正确，论证过程也非常严谨有力，但我们仍然要问："其意义何在？"这一问题同样适用于相反的情况，即发言者的结论并不正确，同样有大量证据支持相反的结论，我们同样要问一句：“其意义何在？”这最后一个问题，不管针对何种情况，都意味着你要去思考整篇发言有何重要意义。

当然，如果以上这些关于边听边记及之后整理笔记的建议显得太过繁复和麻烦的话，那么你可以只在听那些内容足够丰富、意义足够重大的发言时才遵从这些建议。

毕竟，也有大量的连续性发言内容琐碎，叙述混乱，前后不连贯，当然你也就没必要认真倾听，更没必要采用记笔记的积极倾听方式。

简而言之，对于我推荐的这些方法，你在使用时应把握的一个审慎原则是：视发言的内容、形式和重要程度而定，适时调整。内容越丰富，话题越重要，就越要严格地执行上述建议；相反，如果内容比较简单，话题对你也不太重要，则可以适当做得少些；在极端情况下，对那些纯属浪费时间的发言，你应完全无视我那些建议。

另外，如果一篇讲话过于简短、凝练，不管话题多么重要，讲得多么精彩，随堂笔记都可以更短小、更简练。对那些短小精悍的发言，甚至可能不需要记随堂笔记，单凭记忆你就可以在事后回顾整理出一篇翔实的笔记出来。

4

当你倾听的是推销术时，比如各种场合的政治演说、各种商业广告或企业高管们的各种鼓动言论，讲话者的目的都是说服你去做某些事情，或改变你的感受。面对这些讲话场景，合理的拒绝营销的能力还是非常必要的。不要毫无主见，盲信盲从；当然也不能师心自用，拒人千里。

这种说服性的连续性发言，相对于教育性发言，一般来说对积极倾听的要求没那么苛刻。尽管如此，在听讲过程中做一些简短的笔记仍是非常有益的。通常情况下，以有待回答的问句的形式记录下来。

（1）讲话者想卖什么？换句话说，他想让我做什么，感受什么？

（2）讲话者为何认为我应该接受他的劝说？他的提议有什么道理，有什么证据？

（3）我认为有哪些相关的问题是讲话者没有提到的？他漏掉了哪些有可能让我改变决定的信息？

（4）在讲话者讲完时，有哪些对我意义重大的问题他还没有回答，甚至完全没有提及？

如果就上述四点的某一点或几点，讲话者的发言内容并不能使你满意，你的这些问题仍然悬而未决，或者你对得到的答案仍然满腹狐疑，那么就说明你并未被他说服。当然，这并不意味着对于眼前这个话题，你是完全不可能被说服的，只是要消除你的合理抗拒，将你变为他的买家、支持者或某种形式的志同道合者，对方还需要付出更大的努力。

据我的判断，单靠一篇连续性发言是很少能成功说服人的。在连续性发言之后，还必须辅之以我所谓的“双向式对话”——听说双方之间的互动交流，一方提出问题，另一方回答问题。

在听讲过程中记的笔记，可以用来辅助完成这个问答环节，问答环节应该在发言结束之后立刻展开。

劝说者应该同他的劝说对象一样，对这场双向式对话充满期待，同时又应提前做好准备。通过回答听众抛出的问题，他可以再次强调、阐明他的主要观点。如果他的回答足够巧妙——当然也必须诚实，就可以打消听众们的疑虑，攻克他们的抗拒之心。

另外，他还可以通过向他的听众提问的方式，了解他们接受他观点的阻力根源，或者通过自问自答的方式，诱导出听众的真实想法，进而使他的劝说更有针对性，更有说服力。

这样，他就可以解决那些无形中存在或者潜在的反对意见了。

5

以说服为目标的连续性发言如此，以教育为目标的连续性发言同样如此。从听众的角度来看，在后一种发言形式中，问答环节这种双向式对话，使他们有机会得到他们在听讲过程中记下的那些问题的答案，或者有机会向发言者提出他们的不同看法，并得到发言者的进一步反馈。这样，他们可能就会做出判断，也可能改变自己的观点，由不同意变成同意，或者由同意变成不同意。

同样，那些旨在教育别人的发言者，也能受益于类似讲座后的讨论或问答环节这种双向式对话活动。如果没有这一环节，他们就很难了解到，他们辛辛苦苦讲了那么多，听众到底听进去了多少；也很难合理评估出，他们预期中的对听众思想的影响到底实现了多少。只有通过听众提出的问题或反对意见，他们才能去纠正听众的误解，去重讲那些应被听到却被听众漏听的内容，以及补充一些他们本应讲到却漏讲的要点。

另外，发言者自己可能也希望利用讨论或问答环节这样一个机会向听众提一些问题，尤其是了解一下听众是否听懂了他们讲的内容，有哪些困难是他们没有提前考虑到的，以及听众心中还有什么异议等。

连续性发言和缄默式倾听无论进行得多么尽善尽美，都很难充分实现交流的最终目的。所谓交流指的是思想的交会，不管是赞同还是反对，双方都有一个共同的理解作为基础。因此，连续性发言和缄默式倾听这种听说模式，只要有可能，都应有一个双向交谈的环节紧随其后，也就是听说双方直接进行对话或讨论的互动交流。

只有通过对话或讨论，听说活动才能真正融为一体，产生最大的效果。而这也正是我们在本书下一部分所要探讨的听说形式。我们首先讨论的是连续性发言和缄默式倾听模式结束之后的讨论或问答环节。

第四篇

双向式对话

第九章

问答环节：讨论

1

行文至此，我们已经分别讨论了听和说这两个部分，但是听和说本应是相互联系、有机统一的整体。

写作和阅读之间几乎总是相互分离的，读者很难有机会直接向作者提出问题，以检验自己对该书的理解水平；作者也很难有机会通过读者向他提出的问题，去弄清他的读者到底读懂了多少。当然，书评是个特例，作者可以通过书评了解书评人对他的书的理解程度；另外，时不时收到的读者来信也有类似作用。

与写作和阅读恰恰相反，在交互式、面对面的互动场景下，听和说是融为一体、相互交融的，发言者和倾听者你一言我一语，有问有答。我在前文指出，无论哪种发言方式——教育性发言也好，说服性发言也好，要想取得理想的效果，都必须在发言之后安排一个问答环节。

我的这一结论可由古代社会的政治生活证实，无论是古希腊还是古罗马，在当时的公共事务中，广场（forum）具有核心作用。这些为公民集会而建造的空旷场地，不只是政客们发表政治言论的场所，也是公民与他们互动的平台，公民们向他们提出问题，并对他们的回答做出反应。“论坛”（forum）这个词，正是从其古义演化而来，也即发言者发言并接受听众问询的聚会场所。

在英国政坛，即使在当今的电视时代，议会的议员候选人仍要参加各种竞选活动。这意味着他们需要到各种公共场合，一方面向他们的选民做高亢激昂、连篇累牍的政治演说，同时也要接受选民们的质询。在议会会议期间，也有常规化的提问环节，当政府官员做完政府工作报告后，都会面临反对党提出的各种问题。

在美国，随着电视在选举活动中的使用，候选人直接面对选民发表演说并接受他们质询或反对的机会已经减少。曾几何时，总统候选人要乘坐火车到全国各地，火车每到一站，就要向站台两边围观的人群发表讲话，回答他们的问题或回应他们的质疑。可惜，那种光景一去不复返，一同逝去的，还有很多无论对候选人还是公众来说都非常宝贵的东西。

讨论的重要作用，在非雄辩性或政治性发言中同样显著。每到星期天下午，在伦敦海德公园的演讲者之角，总有人站在那种肥皂盒式的街头临时演说台上发表演讲，演讲内容非常广泛，涉及各种理论话题，从上帝的存在到灵魂的不朽，从活体解剖的罪恶，再到通过避孕、流产等方式进行计划生育的好处，等等。他们总能吸引大批听众，年长的、年轻的都有，那些听众聚在那儿不只是听他们讲，还会在他们结束之后抛出各种问题。

美国虽然没有海德公园那种场景，但这个国家却有一个悠久的传统，会提前把公共演讲活动广而告之，这些公共演讲活动都包含问答环节，19 世纪末 20 世纪初的肖托夸夏季教育集会活动（Chautauqua lecture series）就是如此。波士顿的福特厅论坛（Ford Hall Forum）和纽约的柯柏联盟论坛（Cooper Union Forum），就是这种集会的两个最著名的例子，听众不仅听，而且会发问。

2

我自己的演讲生涯开始于 20 世纪 20 年代的纽约柯柏联盟论坛。当时，讲座结束之后问答环节的时长与讲座本身的时长相同：一个小时的讲座，一个小时的问答环节。如果不这样安排的话，听众可能很快就溜得一干二净。他们之所以听讲座，就是为了想出最刁钻的问题把你难倒，或者找出非常有说服力的不同意见把你驳倒。

这些想法让他们加倍努力听讲，成为一个好的倾听者。因为他们很快就能认识到，如果他们问的问题或提出的反对意见使他们被看出来根本没有留意到演讲人讲了什么，或者是他们误解了演讲人的观点，那么他们立刻会被以扰乱会场秩序为由剥夺提问的机会。现场的讲座主持人再有礼貌、讲文明，也会严格维护讲座现场的秩序，要求听众提出的问题必须是他们真正遇到的问题，或者是比较靠谱的问题，而不能无事生非、胡搅蛮缠。

运作良好、纪律严明的论坛，不仅提高了倾听的质量，考验了听众的毅力，同时也能让演讲者学到很多在其他地方不可能学到的东西。关于这一点，在很早的时候，我以演讲人的身份频繁参加柯柏联盟论坛的过程中就发现了。从那之后，这一点一次又一次得到证实，在接下来的五十多年，我参加过无数次由各种各样的机构主办的面向公众的讲座，也有各个教育机构组织的面向学生的讲座，几乎每次都能学到很多。

某些时候，由于时间关系或其他原因，我无法回答听众的提问，回应他们的质疑，对此我深感遗憾。在这种情况下我什么都学不到，我完全是自己说给自己听，完全无法了解我所讲的内容，听众们听到了多少，又听懂了多少。那和直接对着空无一人的大厅讲话毫无区别。

如果讲座结束之后有问答环节——时间越长越好，我就能了解到更多和我所讲内容有关的信息。比如，我能够了解到：哪些术语还需要解释得更清楚一些；哪些假设还需要说明得更详尽一些；哪些要点还需要阐释得更彻底一些，为何有必要对某些要点的顺序做适当调整；哪些论证过程还需要进一步补充材料，哪些论证过程最好陈述得更简练一些；等等。

以上这些还不是我能学到的全部。通过听众提出的各种质疑和难题，我还能了解我自己的思想体系仍存在哪些错误或不足。对那些我无力反驳的质疑，我只能对我刚讲的内容做出重大的修改；对那些我不能给出满意答复的问题，我必须补充必要的内容——增加要点，更深入地阐释。

通过讨论，我所学到的这些东西，丰富完善了我的思想体系，在下一场讲座中，我就能相应地做出改进；再下一场，再再下一场……接下来的每一场演讲，都能得到进一步完善，直到问答环节带给我更多的是负面影响为止。到那时，我知道，我的思想体系和演讲过程，已经通过了足够多的考验。也直到那时，我才能比较确信，关于此话题，我的思想及我的发言内容即使仍称不上完美，也差不多到了明白易懂的程度。当然，完美是不存在的。每当随后再遇到新的问题或出乎意料的质疑时，我总是这样提醒自己。

这种讲座–讨论经历，对我而言是极其宝贵的，一次又一次带给我巨大的收获。事实上，在最近四十年中，我撰写的大部分著作，都是对这类演讲稿的扩充。这类演讲稿，经过无数次与听众的交流互动，经受了多次考验，也经历了多次完善，无论其实质上的思想内容，还是具体的写作形式，都获得了细致入微的改进。

《如何阅读一本书》是我按照上述方法撰写的第一部著作，这部著作要比我更早前的那些著作好得多，此前都好像是我一个人在安静地研究，在自说自话。在坐下来撰写《如何阅读一本书》之前，我已经就阅读的艺术这一话题，向大量背景各异的听众做了一年多的讲座。在这一过程中，我的演讲稿经过了多次改写，既有修订，也有扩充。正是基于那些演讲稿，以及每次讲座之后与听众互动形成的笔记，这本书才得以完成。《如何阅读一本书》获得了巨大的成功，吸引了众多的读者，这促使我在以后的写作中，都遵循这种模式来撰写书稿。

我甚至想说，讲座–讨论这种把听和说有机融合为一体的模式，是撰写著作的最佳方式。尽管还有其他一些必要的附加条件，但是如果作者未曾直面听众，未曾通过回答他们的问题、回应他们的质疑等这些必需的环节，来完善自己的思想内容，改进自己的表达方式，那么他就失去了进一步完善自己的学习机会，而这是通过其他方式无法弥补的。

如果允许我再多谈一点我个人的陈年往事，那么我想提及的是，安纳波利斯的圣约翰学院（St. John's College）组织的讲座－讨论和阿斯彭人文研究所（Aspen Institute for Humanistic Studies）主办的类似讲座是带给我收获最大的活动，这些讲座的听众既有学生，也有社会公众。我相信，对于那些听众来说，他们的收获同样巨大。

在圣约翰学院，我的讲座每星期举办一次，面向整个学院，全体学生都必须参加。在报告厅的正式演讲结束之后，会有一个短暂的休息时间，然后全体学生到讨论室重新集合。问答环节从来没少于一个半小时，很多时候都还会更久。

在问答环节，学生们不仅可以从我这学到他们在听讲过程中漏掉的内容，以及他们理解错误的地方，而且我们彼此之间掌握的概念性词语的巨大差异，也能逐渐调整，相互适应。而我，则可以从学生们那儿了解到我漏掉了哪些要点，哪些论证过程还不够清晰明了，以及关于此话题，我自己的思想还存在什么错误或不足等。

在圣约翰学院，讲座－讨论模式是学生们日常学习活动的重要组成部分。不像在其他大多数院校，讲座只是选修的课外活动，学生可以自愿参加，而参加者往往寥寥无几，问答环节也总是非常简短，只有极少数听众参与其中。正因为如此，在圣约翰学院做讲座，相比在其他绝大多数教育机构，总能让我获益匪浅。那儿的学生们早已训练有素，都非常善于讨论。他们已经学会了在参加讲座时，怎样才能更好地参与后面的讨论活动。

在阿斯彭的经历有点类似，听众在参加讲座之前，也都早预料到会参与其后的讨论。他们也都期待，通过问答阶段的交流互动，既检验一下他们自己，也考验一下演讲者。那些听众的学术水平之高，学术背景或专业背景之广泛，使得阿斯彭讲座－讨论活动，既能给演讲人也能给听众带来无可比拟的巨大回报。

在阿斯彭研究所成立后的前几年，他们组织的研讨会、会议、讲座及其他活动等，没那么密集、频繁，因此讨论环节往往可以有更长的时间。在我看来，当时的那种时间安排是十分理想的。当时，问答环节并不是在讲座结束之后，紧接着就在同一个报告厅进行，而是要等到第二天上午，改到另一个房间重新开始。当时的讨论会每次都要持续整整两个小时，而且参与人员除了头天晚上的演讲嘉宾之外，还包括演讲话题领域的一个专家小组，这些人都有某些特殊的专业能力，能够应对头天晚上的讲座引出的各种问题和质疑。

这样安排的优点是，听众有充裕的时间去查看他们记下的随堂笔记，并根据那些笔记或者脑海里记下的讲座内容，进行深入思考，而且甚至可以精心准备好他们想要提出的问题或质疑。这样的话，他们提出的问题往往更深刻，他们的质疑也更缜密，仓促的评判和无关的言论也得以避免，再加上专家组对演讲嘉宾的鼎力相助，整个讨论过程会进展得更加良好。

我真希望能把讲座结束之后的讨论环节，都推迟到第二天上午，但是不幸的是，在阿斯彭研究所前几年的那些讲座–讨论活动之后，我就再也没有这种既让人身心愉悦又受益匪浅的体验了。

3

在不同的环境下，讨论活动具体该如何进行呢？下面，我首先从演讲者的角度回答这一问题，然后再从听众的角度回答。

如果有机会的话，演讲者按我下面这个方法就能很好地控制整个讨论过程，这个方法我在圣约翰学院的讲座中经常使用，在阿斯彭有时也会用到。讨论刚一开始，演讲者就应开宗明义，要求那些想参与讨论的听众，把自己要提的问题分为两类，一类问题是为了更深入地理解讲座内容，另一类则是为了挑战演讲人的观点。第一种问题应该优先提问，因为基于对演讲内容的误解而提出的问题或质疑是毫无意义的。

第一类问题应该采用这种格式："在你谈到……时，我的理解是……，对吗？"演讲者可以指出提问者是否已经理解了他的话。如果答案是否，那么演讲人可以对那些内容做进一步阐释，以方便大家更好地理解。对演讲者来说，只有这类问题已经全部解答完毕，听众对演讲内容的理解已经达到了让他满意的程度，再去回应那些挑战他观点或质疑他演讲话题中的某些要点的问题，才是适当的、有益的。那些旨在寻求与演讲内容有关的更多信息的问题，或者为了检验自己对演讲内容理解程度的问题，总是应该在挑战性问题或各种质疑提出之前被解决掉。

有时候，听众在提出问题之前，会把一些子虚乌有或严重歪曲的语句强加给演讲者。"你提到这些那些"，提问者会这样开始他的问题。这种情况，我会立刻向他举手或摇头，告诉他，我从来没说过他刚才提到的那些话。考虑这些问题是毫无意义的，毕竟它们是基于我没说过的话，或者我的演讲内容的歪曲版本而提出的。我会重复一遍我的确讲过的内容，然后再问那个提问者，他是否对那些内容还有疑问。

还有两个方法可以协助演讲者更好地推进讨论进程。一是对听众提出的问题重新表述，使之与演讲的内容更加贴近。“你提出的问题我这样理解，不知道对不对？”我会这样说：“换个说法，你的问题是不是这样……”说完这些，我会问那个提问者是否认可我的复述，只有在得到肯定答复之后，我才会对这一问题做出回答。

很多时候，听众心里有非常好的问题，却不知如何表述出来。有时候，问题未经精雕细琢，就被简单粗暴地扔给了演讲人。在这种情况下，演讲人同样需要对问题进行重新组织，确保整个讨论有序推进，而不会偏题。

演讲者可以采用的另一个方法是，切换身份，主动提出问题。这种方法最好是等到讨论行将结束，听众的问题逐渐提完的时候再使用。如果演讲者觉得还有很多好的问题没人问到，通过回答这些问题，他可以对演讲内容做进一步阐释，那么，他就没有任何理由不去提出那些问题，然后给出解答。

这最后一个方法，对推销术、政治演说或其他类型的以实用为目标的说服性发言尤其有效。劝说者，很显然，应该回答所有妨碍对方接受他请求的问题，但是，仅仅做到这一步可能还不够。横在他与成功之间的一些最重要的障碍，可能仍深藏于劝说对象的内心深处，未表现出来。如果他不能把这些障碍性问题一一点出，并且一一做出回应，那么哪怕他费尽口舌也不会说服对方，而且还完全不知道问题到底出在哪儿。

另外，对正在谈论的话题，劝说者还要巧妙地使用反问句，用各种技巧优化问题的表达方式，以确保能得到肯定的答复。

总之，在政治领域、商业谈判和销售活动中，仅仅靠发表一番说服性的演说是远远不够的，还需要紧跟着一个问答环节。这样，劝说者不仅可以回答听众提出的问题，也可以通过向听众提出问题，尤其是措辞精妙的反问式问题，来诱导听众给出他想要的答案。

4

从准备参与讨论的听众的角度看，不管他所听的发言是以教育为目的还是以说服为目的，听讲过程中记下的笔记，都是他赖以提问的基础。如果没有那些笔记，就只能寄希望于他记住了足够多的内容。

如果发言是教育性的，在讨论环节，听众应该确立两个目标：一是确定对发言内容已充分理解；二是不断向演讲者提出质疑，以明确自己对演讲中的某一观点是赞同还是反对。

如果发言是说服性的，那么，听众应该借着问答这个机会，向发言者提出那些高度相关，他们却故意避而不谈的因素，这些因素很可能会让听众生出抵触情绪。另外，对于发言者提出的种种理由，听众可能希望明确自己是否听得准确无误，而如果那些理由还不够充分，听众就可借此机会提出反对意见，看看那些反对意见能否得到满意的回应。

无论是在政治场合、商业会议或商业谈判中，还是在集市上，一个人如果被说服，就意味着他确信所有相关要素都已考虑周全，所有相关疑问都得到圆满回答。他如此确信，可能只是因为受到了欺骗，而他之所以受欺骗，也可能是他自己的问题造成的：他既不是一名合格的倾听者，也不善于提出问题。

如果一个人提出问题，劝说者不能给出满意的答案，对于他的反对意见，劝说者也不能给出更好的解释，那么我们有理由相信，他是不会被轻易说服的。

第十章

对话面面观

1

教育性讲座或说服性发言结束后的讨论会只是对话和讨论的一种形式，而且是一种非常特别的形式，因为这种问答环节是基于前面的发言内容展开的，讨论的其中一方是前面的发言者，另一方是听众，讨论的进程也受到发言目标的约束。听说双方直接面对面互动交流，还有很多其他形式，动机各异，风格有别，其覆盖范围极其广泛，从鸡尾酒会上的无聊闲谈、宴会桌旁的东拉西扯，到最严肃的政治辩论和商业会议，以及最阳春白雪的大学研讨会和学术讨论会，等等。

要让这些种类繁多的对话变得更令人愉悦且有益，有一些规则可以遵循。为了更好地阐述这些规则，很有必要先对这些对话进行分类，找出一种对话与另一种对话的显著区别点。我们之所以必须这么做，原因与前文中对连续性发言进行分类的原因一样。在讲解连续性发言时，我们不仅将其分为两种主要的类型——说服性发言和教育性发言，而且还区分倾听者在这两种类型的发言中所起到的不同作用。

我把各种双向式对话按下列四种方式进行分类。这种分类方法可能并不全面，但对我们的目的来说，已经足够方便。

2

第一种是娱乐型对话和严肃型对话。所谓娱乐型对话，包括所有那些没有既定意图、没有明确目标，也没任何约束的对话。另外，人们参加娱乐活动，纯粹是为了享受活动本身所蕴含的愉悦感；娱乐型对话亦是以娱乐为目的，不同于那些具有严肃明确主题的对话，其过程本身就是令人愉快的，人们也不会刻意去追求某种目的。

这种类型的对话也可以称为“社交对话”。这种轻松随意、非正式的对话，往往发生在朋友之间或同事之间，交谈双方具有良好的关系。这样的对话可能含有丰富的信息，也可能没什么实质内容；可能非常富有启发性，也可能毫无新意。它纯粹是为了提供消遣，使人愉悦，进而使人建立友谊，或增进对彼此的熟悉程度。

好的社交对话是无法提前计划的，是可遇不可求的。机缘巧合之下，这种对话也就自然发生了。一旦提前设定好讨论内容，那也就与商业会议没什么区别了。社交对话本就应该十分随意、漫无目的，不需要达成什么目标，也不需要做出什么决定。

按我这个分类体系，剩下的三种对话方式都属于严肃型而非娱乐型对话，都具有目的性和导向性。在这一层面上，这些对话可以划分为亲密范畴的私密型对话和非私密型对话。

在我的脑海中，当我使用“私密型对话”时，我往往认为这是“交心式谈话”。我们每个人都能回想起生活中遇到的一两个这样的瞬间，我们向身边亲近的人说道：“就那件事咱们交交心吧。”

当然，“交心式谈话”这个表达方式可能会让人误解，误以为我们在进行这种谈话时，使用的是我们的心脏，而不是我们的头脑。所有的谈话，不管是娱乐型还是严肃型，也不管是私密型还是非私密型，运用到的都是我们大脑的思维活动。只是，所谓的交心式谈话是指，在我们用大脑思维进行交谈时，谈论的是与我们内心有关的话题——我们的情感和感受，我们的喜好和厌恶。

这类谈话，谈论的是彼此都深切关心的情感问题，极其严肃，很大可能比其他任何类型的谈话都要严肃得多。因为谈话的目的是消除情感上的误会，或者缓解甚至消除感情上的紧张关系。

剩下的两种严肃型对话，都是非私密型的。一种可以称为理论型的，因为其目的在于影响或改变人的想法：如果在谈话过程中，谈话者学习到新的知识，那么这类谈话就具有教育性；如果谈话者理解了以前不曾理解的事项，或者对关注的事项有了更深入的理解，那么这类谈话就具有启发性。

如果谈话的目的在于让人采取某种行动，让人做出影响行动的决定，或改变可能影响此后行动的情感态度或冲动念头，那么这种谈话就是实用型谈话。即使讨论的是有关情感和冲动的话题，如果其目的仍是实用性的，比如为了销售商品，为了赢取政治支持，或者为了通过某些商业计划、商业政策，那么这种谈话仍然是非私密型的，而不是私密型的。

那些抱着实用性目标的劝说者，在说服别人的过程中，往往会充分利用说服对象的情感；而他自己往往无动于衷，即使动了感情，也是别有所图，而非自然流露。与此相反，在私密型或交心式谈话中，谈话的所有参与者的情感都是发自内心的。这种谈话发生在夫妻之间、父母与孩子之间、家庭成员之间、恋人之间或朋友之间——绝对不会发生在关系不够紧密、缺乏情感纽带的人之间。

买卖双方之间缺乏这种亲密关系，公司高管与其同事之间也缺乏这种亲密关系，为了政治目的而相互交谈的双方之间同样缺乏这种亲密关系。他们往往是陌生人，或者仅仅是相识而已；即使他们碰巧是朋友关系，谈论的内容也与他们的友情、关爱毫不相干。如果，在某些特殊情况下，交谈双方之间情感上的亲密关系影响到了他们的对话，那么这种亲密关系就会带来诸多限制，使对话过程变得过度复杂，障碍重重，举步维艰，偏离正常轨道。

私密型或交心式对话，一般只有两人或少数人参与，而且一般都发生在私人场合而非公共场合。在这种对话中，绝对没有哪一方希望把对话内容像会议记录那样记录下来，或者按照既定的程序去推进对话。谈话的发生可能并无事先准备，只是因为心血来潮；也可能一方先有了打算，然后与另一方约定时间和地点。这种对话不论以何种形式发生，在对话双方的生活中，都是一件意义非凡的事，对他们影响深远，对别人却毫无影响。

非私密型对话，无论是教育性的还是说服性的，参与者都既可能只有两个人、少数几个人，也可能是一大群人。如果对话的参与人员之间，在对话开始以前已经有所联系、有所接触，那么这会让他们彼此的交流变得容易一些。他们对彼此的习惯用语、智力水平及立场或成见等都有所了解。相反，如果他们只是第一次见面，完全以陌生人的身份展开对话，那么他们将会面临一些影响高效沟通的障碍，必须克服而又通常难以克服。

在私密型或交心式对话中，交谈者之间是彼此平等的。即使存在年龄或成熟程度的差异，比如父母与子女之间的交心式对话，在对话过程中，对话者间的友情或亲情也会把他们拉到一个平等地位，使他们忽视彼此之间存在的差异，让对话得以顺利进行。

而在非私密型对话中，则完全不是这样。参与对话的各方之间，在对话中的身份是否平等，区别巨大。最典型的例子就是商业会议。再比如，在研讨班中与学生们展开讨论的老师，或者讨论会上主持人或会议主席在讨论中扮演的角色，就与其他参与人员完全不同。

对于前文谈到的第一类对话，即我称为“社交对话”的娱乐型对话，一般来说，参与人员越少，效果会越好，最好只有两个人，当然也可以稍微多几个。就像我们经常观察到的那样，当人数达到五六个甚至更多时，这个小团体往往会自然地分散成相对独立的几个小组，分别进行各自的对话。

下图中，我把对话的几种分类做了简单的概括：

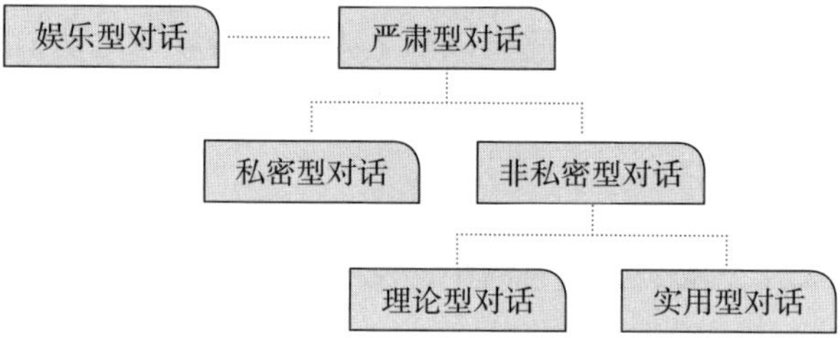

这张图列出了对话的几种主要类型，分别是：娱乐型对话，即社交对话；私密型的交心式对话；非私密型的、教育性或启发性的理论型对话；以及非私密型的、旨在说服人采取行动的实用型对话。

3

非私密型对话可以是正式的，也可以是非正式的；可以是精心准备、悉心安排的，也可以是未经筹划、自然发生的。讨论的主题可能是提前布置的阅读材料，某些观点、计划或政策等，也可以是某些有待解决的问题、有待决定的议题，或者有待协调克服的分歧等。

如果要讨论的分歧或异议是源于某些客观事实，那么真正值得讨论的，只能是在某一种情况下会导致何种后果，在另一种相反的情况下又形成怎样的后果——这种相反的情况是为了便于讨论而做的假设。讨论能够让人们更好地理解，假设在某些事实条件下，有什么现实意义或理论意义，在别的条件下，又有什么意义，但讨论本身绝不可能决定哪种情况才是实际发生的客观事实。查询、调查或研究，甚至只是去翻翻工具书，这些手段才是确定事实真相的途径。

对于理论型的非私密型对话，某种观点、议题等，就是非常理想的讨论话题；对于实用型对话，精心准备的计划、政策或问题等，就能提供最为丰富的话题。

除了以上话题，实用性的双向式对话之所以会发生，也可能是由于一方试图让某人或某些人去做某件事——按某种方式行动，朝某个方向前进，或成为某些事业的合伙人，共同组建公司，甚至是对某种情感态度或天性表示同情等。

另外，参与谈话者是两个人还是超过两人，也存在区别；如果超过两人，是其中有一人担任类似讨论主持人的角色，还是参与各方都可以各抒己见、自由表达，不受控制或者引导，这其中也存在差别。

时间和地点是影响对话或讨论性质的客观因素。对话可能需要在规定时间内完成，也可能不受时间限制，甚至还可以以系列的形式，分多次进行。对话地点也存在合适或不合适的差别，如果讨论所处的环境有利于讨论的进行，那这个地点就是合适的；反之，如果存在各种干扰讨论、分散对话者注意力的因素，那这个地点就是不合适的。

最后，还必须指出，非私密型对话中的理论型对话和实用型对话，二者最重要的区别在于：前者可以是没完没了的，并且不需要形成最终结论；而后者则必须以某种结论或决议收尾。这就像喜剧和悲剧之间的区别，虽然喜剧在最后一幕中结束了，但原则上它可以继续演下去；对于悲剧来说，随着最后一幕的结束，整个故事也就彻底结束了。

对于实用型讨论来说，由于其目的就是采取某项行动，因此，对话者必须得出最终结论，而且通常需要在限定时间内得出。如果讨论的是观念问题，或者争论的是理论话题，那么就没有必要立即使对话者达成共识或者相互理解，这个过程可以是漫长的甚至永无休止的；对话者对解决他们之间的分歧或调和他们的对立意见所做的努力，也同样如此。

这种讨论，可以在形成结论之前的某一节点结束，柏拉图的很多对话都是这样结束的，简直就是知识性喜剧。这个话题，可能会在另外的时间被重新捡起来，如此往复，或许可以形成一些结论，但绝非必须在某一限定时间内得出结论，因为压根儿不存在什么实用上的必要性。

当然，也有一种情形是例外的，那就是正式的辩论赛，时间受到严格的限制，结束后也会投票选出胜利的一方。正式辩论可以在实用性领域派上用场，正好那里需要得出某种决定；在学术领域也同样可以发挥作用，就像那些中世纪的大学举办的辩论活动。

4

在接下来的几章，我将试着制定规则，并指明有哪些因素或条件可以改进所有类型的对话，让人们在对话过程中更加身心愉悦，在严肃型对话中取得更大的收获。

在第十一章，我将提出一系列对一般性对话普遍有益的规则和建议，同时也会针对某一具体对话类型给出规则和建议。我将首先谈到的是社交对话，然后是非私密型讨论，既包括理论型的也包括实用型的。

至于私密型对话——交心式对话，我就不再提出什么规则或建议了。正是因为那些对话是私密性的，依赖于对话各方的性情和当时具体的情感氛围，因此每一场对话都有其独特性，很难一概而论。我最多能说的是，如果对话者之间存在着爱和友谊的纽带，对话目的又是沟通感情，那么他们在交谈中，应该开诚布公、坦诚相见，不可遮遮掩掩、有所保留。因为他们无须担心会引起对方的误会或不满。友谊和爱都丝毫容不得欺骗，无论是自欺，还是欺人。友谊和爱，不仅能在双方的心灵之间铺就一条宽阔的道路，使双方相互同情和理解，还会带给彼此深刻的洞见，洞悉对方的所思所求，洞察自己内心的深层想法。

在第十二章中，我将探讨的是，如何实现非私密型对话的终极目标——真正的思想交会所需要的相互理解和意见一致。

讨论在教育中的重要意义，我将单独留待第十三章讲解。问答式教学，相比老师的“一言堂”，无论是在基础教育阶段还是在高等教育机构中，都有重大意义。

在学校教育阶段的头十二年中，很少见到这种问答式教学。但是，在这所有十二年中，这种教学方法都应成为教学活动的重要组成部分。在大学里，或者在为那些已完成学业继续深造的人开设的研讨班里，也几乎没有本应有的问答式互动教学。

苏格拉底式教学法——以提问和讨论的形式教学——是最难的一种教学方法，但也是能让所有参与人员都得到最大收获的教学方法。为了能最大限度地发挥这一教学方法的优势，也应整理一些原则和建议，关于这一点，我将在探讨研讨班的那一章里专门介绍。

第十一章

如何让对话有益又有趣

1

有一些规则，具有足够的普遍性，能适用于各种严肃型对话。在这些类型的对话中，也存在一些应该考虑到的有效要素，它们代表了对话必须攻克的困难和障碍。我们先来看看这些要素，然后再介绍那些能够改进社交对话的规则。

语言，是人与人交流时所采用的一种工具，而且大多时候必须用到它。如果语言是个完美或者半透明的媒介，透过它，人们能够直接看清别人头脑里的所思所想，那么它就能把人类之间的交流，变得像天使之间的心灵感应那样完美。然而，不幸的是，语言恰恰相反。语言是一个非常不完美的交流媒介——云遮雾绕、朦胧晦涩、模棱两可，充满歧义和各种致人误会的陷阱。

在使用重要词语，尤其是那些对我们意义重大的词语时，我们几乎不可能去奢望，我们的谈话对象对这些词语的理解和我们想表达的意思完全吻合。哪怕我们特别强调这些重要词语的含义，他人也通常会听不进去；从对方的回答及评论中，我们常常可以听出，对方根本没有听到这些要点，或者根本没有留意。

当然，人们在交流时，总是在不同的意思上使用同一个词语，每个人都会按自己的理解、方式去使用词语。这一点虽然不可能改变，但我们还是可以做些什么来应对这种局面。我们可以把同一单词的不同意思都记下来，并做好标注。这样做需要花更多心思，也需要更大的耐心，但大多数人都不会为了改进他们的交流效果而多此一举。不过，如果不这样做的话，对词语的误解，甚至显而易见的不可调和的矛盾，也就不可避免了。

面对语言这一并不完美的交流媒介，有两种方法协助我们克服由其带来的交流障碍。其一是接受普遍的、通用的学校教育，包括语法、修辞和逻辑等人文科学知识的广泛培训。其二是养成广泛阅读的学习习惯，形成广泛阅读的积淀，掌握一定数量的基础概念。这两点，我们的先辈都非常欣赏，尤其在 18 世纪到 19 世纪末。而 20 世纪以来，随着教育制度的恶化及专业化的泛滥，到我们这一代时，基本不使用这两种方法了。

我们的先辈，在人文科学方面受到了更好的教育，包括交流的技艺和学习的技巧。那些接受了完整的学校教育，并通过学校教育变得有教养的人，都享有共同的文化遗产，因而具有共通的语词体系，不只是词语，还包括各种思想观念。这样一来，他们也就都成了同一个知识社群的一员，有共同的知识背景，分享共同的思想观念、思想注解及典故，因此，他们之间的交流会变得更简单，交流效果也会更好。

到了 20 世纪，受过教育的人都不再是通才，而只是专才，是这个领域或那个领域的专家。在这些专家的语言体系里，有许多他们自己知识领域独有的专业术语，是其他领域的专家不会碰到的。在 20 世纪，那些受过良好教育的人，或者更准确地说，那些接受了包括大学在内所有可能的学校教育的人，当他们完成学业走出校门时，却鲜有共同的背景。这就造成了奥尔特加 · 伊 – 加塞特（Ortega y Gasset）所谓的“专业化的野蛮主义”（barbarism of specialization），也就是文明与文化的对立面。

除了语言，对于非私密的严肃型对话来说，第二个需要控制的要素是谈话者的情绪。但交心式谈话不是这样，因为情感恰恰是其讨论的主旨。在实用性的说服谈话中，情感也可能发挥一定作用，但也不过是为达目的而使用的手段而已。

但是，在非私密型对话中，如果交谈的目的是希望对一些纯粹的知识性问题有更好的理解，或者是希望就该种问题的解决方法达成一致观点，那么情绪是毫无用武之地的。

在这种对话中，如果带着情绪讨论，会毁掉整个对话，把一场纯粹的知识层面的观点碰撞，变成双方情绪上的冲突。结果就是，谈话的现场变成了不同偏见相互对抗的战场，不再是各种思想观念及争议观点的交流场。本来只需要摆证据、讲道理，争议就可得到解决。

除了语言和情绪，还有一个要素是自知之明。如果有自知之明，对话就会变得轻松、充满智慧；相反，如果无自知之明，对话就会困难重重，令人沮丧。认识自己是认识别人的必要条件。人起码要能同自己清晰地对话，进而才能在对话中清晰地表达。如果一个人缺乏同自己进行一场聪明对话的领悟力，那么你也很难期望他能够同别人进行一场聪明的对话。

最后一个重要的要素是付出的努力程度。在任何一场严肃型对话中，要想从中获益或者获得愉悦，都必须付出一定的努力。准确表达自己的真实意思，是这个世界上最困难的事情之一；倾听别人在说些什么，进而准确识别出他们的真实意思，同样困难。这两种活动都需要投入大量的脑力，但很多人都不乐意去投入。这种不愿投入精力的人，是无精打采、好逸恶劳的谈话者；他们在脑力上的这种怠惰，是一种致命错误，如果他们不幡然悔悟、努力改正，将不会从那些充满活力的谈话中得到任何收获。

对我们大多数人来说，只有到了迫不得已、意义重大的时候——要么为了赢得爱情，要么为了金钱——才肯付出足够的努力。如果我们把思想的交流、心灵的交会，看得同样迫切、意义重大，或许我们付出的努力就足以进行一场考虑周全的谈话，使彼此能够相互理解，能够达成一致的意见，或者至少使双方了解彼此之间的具体分歧。

2

现在我们来看看有哪些一般性规则，适用于所有类型的严肃型对话。这些规则中，有些也同样适用于娱乐型的社交对话，下面我将先介绍这些。

第一，选好对话的地点和时机。关于对话时机，要确保对话具有充足的时间；关于对话地点，要找一个不会出现各种令人心烦的干扰的地方，以免对话被打断或受到干扰。

有些场合适合闲言碎语，有些场合适合长篇大论。鸡尾酒会或宴会活动，是不可能作为严肃型对话的场合的。无论何时，如果对话穿插在其他活动中间，比如去电影院的途中，或者准备睡觉时，那么这种对话也只能是娱乐型或者社交型的。你必须准备充足的时间。好的谈话，往往进入正题很慢，收尾过程也很漫长。有很多陌生人出席的聚会上的谈话，往往只能是闲言碎语；晚上放松消遣的时候，大家都已身心俱疲，也不可能去讨论拯救世界的宏论。但是，如果在场的都是亲朋好友，大家又都有冲动去讨论一些与他们利益相关的话题，那么这时可以进行严肃的甚至耗时很久的讨论。

并非任何时机都适合进行一次好的对话。当你进入别人的办公室，想花一个小时左右的时间和他进行一场严肃的对话，却发现他正忙于应付当天发生的一些事情，可能是与业务相关的事，也可能是与家庭相关的事情，在这种情况下，你很难要求他集中注意力。

如果宴会上的人数超过六人，其中一些人彼此也不太认识，也有一个办法能在这种场合下，展开一场别开生面的对话。这个办法是我的朋友道格拉斯·卡特（Douglass Cater）介绍给我的，对此，我对他心存感激。

当大家的闲聊告一段落，宴会渐渐陷入沉寂的时候，道格拉斯抓住这一时机，成功地把闲聊的局面引向适合进行长篇大论的局面。他先是站起身，向在座的人提出一个问题，并要求大家一个接一个地回答；当每个人都发表了自己的见解之后，道格拉斯要求发表不同意见的各方，相互交换彼此的看法，形成直接的思想碰撞。这种方式，往往让参与的每一个人都非常开心，又收获很多。

对于宴会主办人来说，还有一个方法可以在宴会期间促成一场教育性对话。席间，他可以邀请某位嘉宾做个简短的发言，主题应选那些适合大家讨论的话题。发言结束后，可以由发言者回答其他人的问题，也可以由其他人对发言内容进行评论，发表不同的意见。

第二，要提前知道对话的类型。读好一本书的第一条规则，就是要清楚自己要读的是本什么类型的书。读小说与读历史书是完全不同的，而读这两类书又与读哲学著作或科学论著不同。

我们看到，同样是严肃型对话，谈论话题和讨论目的却各不相同。要清楚自己参与的对话性质，比如，是理论性的还是实用性的，讨论目的为何，等等。

第三，对于严肃型对话，不管其具体类型如何，都要找对谈话对象。不要以为可以同任何人就任何事情进行讨论，哪怕是你最好的朋友，也有不懂或不感兴趣的话题。有时，可能缺的并不是能力或兴趣，只是两人不对脾气，相互缺乏好感。假如你明知道格林和罗宾逊互不喜欢，就不要强求他们俩去对话，否则只会激发出他们的负面情绪。

我们应该都有过这种尴尬经历：你提出了话题，却发现这话题并不适合在场的人。一旦你犯了这种错误，对话要么陷入一片死寂，要么离题万里，大家闲扯些诸如天气、头条新闻或体育赛事等无关话题。

最为重要的是，永远不要就某话题同一个你明知对该话题有成见的人去讨论。当你知道某人是不可能被说服时，你也就别再试图劝说他；如果你明知某人对某个答案的真实性、某种立场的合理性，抱有不容置疑、无可救药的定见，就不要在这些方面同他讨论，试图改变他的想法。他只会对你提出的其他答案或立场装聋作哑、闭目塞听。

审慎选择同什么人讨论某个话题，与审慎选择对话的时间、地点和场合等同样重要。

第四，有些问题是不能拿来讨论的，因此，要竭力避免。有句俗话说得好，“萝卜白菜，各有所爱”，但很多人却经常违反这一原则，而一旦违反，好端端的双向对话就会变成各种偏见交锋的战场。

由于个人品位、个人偏好的原因，人们通常会对某一事物抱有不同的看法，那么这时候的对话可以仅限于讨论一下你们的品位有何不同，为何他喜欢的你却不喜欢等。这种差异并不需要论证，因此完全没必要争论对错，就此争论完全是在浪费大家的时间。

除了个人好恶之外，一些个人观点或偏见是无法通过证据或推理得出定论的，因此也没有必要去争论或者论证这些话题。在对话中，最多可以谈谈这些观点或偏见具体是什么，不应将其当作供大家讨论的话题，以期达成某种共识。因为人们是不可能就此类话题达成共识的，为此起争执完全徒劳无益。

只有那些可以论证的客观真理，才有必要被拿来讨论，交换一下彼此的论证过程。个人偏见或毫无依据的个人观点，可能也含有某些主观真理；但那些观点，可能对我来说是对的，对你却未必。在这种情况下，无论是我试图坚持我的观点，还是你试图用你主观上认为是对的观点来改变我的观点，都是毫无意义的。相反，客观真理，不仅在你我看来是真理，对任何地方的任何人来说，都是真理。

第五，不要自说自话。我们所有人在与人对话时，应该都经历过下面的情况：布朗发言时，约翰一言不发，也根本没听到布朗在说什么，只是礼貌地等着布朗说完，然后自顾自地说了一大堆，内容却与布朗刚才说的完全无关。

轮到约翰发言时，布朗同样很有礼貌地等着，但也同样不管约翰在说些什么。当约翰说完了，布朗接着他自己前面讲的内容继续展开叙述，也可能说一些其他的话题，总之都与约翰刚才表达的观点毫无关系。这种对话，就像两个人分别在不同的房间，自己同自己说话，因为他们都只顾着说自己的，也只顾着听自己的表达。

第六，与第五点相关的一个规则是，在回答问题之前，一定要认真听清问题；然后再根据自己对问题的理解，认真表达自己的观点。很多人错误地以为，别人提出的问题只是要求他们发言的信号而已，因此，只是把此时此刻脑海里装的乱七八糟的想法一股脑地倒出来，根本不管那些想法与对方提出的问题是否沾边。

如果你对别人提出的问题，哪怕只有一点点没有理解，也先不要急着回答。相反，可以要求提问者把问题再解释一下，或换个更容易理解的方法重新表述一下。回答那些你没有彻底理解的问题，没有任何意义。在试图回答问题之前，一定要先把问题彻底搞明白。

第七，与第六点对应的一个规则就是，在谈话中，如果你是提问的一方而非作答的一方，那么你提出的问题要尽量清晰明白、易于理解。不要做一个懒惰的提问者。不要想当然地以为，因为你理解这个问题，所以在你提问时，不管怎么表达，别人也都能听得懂。你可能需要用多种不同的表达方式表述同一个问题，直到你的表述能让回答者彻底理解你的问题。

第八，要想严肃型对话取得好的效果，在提问题时，还应该遵守一条规则。一些人会连续不断地抛出一个又一个问题，却对每一个答案都不置一词，提出的各个问题之间也毫无关联性，他们以为这就是在进行对话了。这种方式类似于审讯，在特定场合、特定目的下，可能非常有用；但是，这并非真正的对话，真正的对话，是双向式的交流活动，是从这一点过渡到那一点，各个要点之间存在着某种联系。

第九，不要打断别人的发言。不要太心急，好像自己的想法一点也不能等似的；要等到别人说完之后，再表达自己的观点。哪怕他一开口，你就知道他想说什么，也不要打断他。要留给他说话的机会。

第十，不要在听他人讲话时，又同时和另一个人交头接耳，但也不要过于拘谨。我们说话的语调和方式，当然应该不卑不亢、谦逊有礼，但也不能因为过于注重礼节，而不敢表达自己的想法、观点。如果你觉得你想说的可能会冒犯别人，你可以重新组织一下语言，换一种更加委婉的表达方式，而不应在本该说出来时却三缄其口。

第十一，要认识到，任何耗费时间的事情，都有开头、中间环节和结尾三部分。就像一场演出、一首交响乐，一场对话也同样如此。当然，也有一些耗费时间的活动，就像流水线上的工作，尽管也有开头、中间环节和结尾，但三个阶段却是无机组合的，每个阶段，无论是开头、中间环节还是结尾，都与其他两个阶段毫无分别。也正因如此，这种工作往往显得单调乏味、令人厌烦。但是在演出或交响乐中，开头、中间环节和结尾三个阶段是有机联系在一起的，每一个阶段都有不同的作用，共同组成一个整体。好的对话活动也应如此组织，每个部分越能发挥出该部分应有的作用，整场对话的效果也就越好。

在对话的开头，应着力营造一种谈话氛围，把大家谈论的焦点聚拢到对话的主题上——要探讨的难题、问题和话题等。中间环节，时间往往更长，要致力于探究开头提到的难题、问题或话题，要找出所有与之相关的不同观点，以及支持每一种观点的论据。在结尾部分，应该对整场对话形成一个结论——如果对话的目的是实用性的，那么应做出一个决策；如果对话目的是理论性的，应达成一个共识。如果无法达成共识，那么也应得出一个暂缓判断的结论，并列明还有哪些待解决的问题，留待以后的某一个时间做进一步讨论，或许到时就能形成一致意见。

3

参与一场持续一小时的高质量的社交对话，就像进行了一小时的愉悦的体育活动，它不仅让你身心愉悦，而且还可能让你捧腹大笑。当对话者方方面面都非常得体，你们棋逢对手、势均力敌时，尤其如此。

随着对话的进展，话题也可随机应变，向前推进。可以讨论人物、事件，甚至思想观念。不管什么话题，重要的是大家都要感兴趣。不管你是否正在讲话，如果你发现有人在倾听时，双眼变得迟钝、无神，那么就是时候切换话题了。

为了使社交对话尽量有趣，有些事项是应尽量避免的。具体事项我列示如下：①污言秽语和亵渎神灵的话；②涉及种族的玩笑和诽谤；③骄傲自大的话，尤其是攀名人抬高自己身价的话；④口头禅；⑤外语单词和短语，除非对话的所有参与者都能准确拼读和理解；⑥外语中的口头禅，比如用法语说“你知我知，天知地知”(entre nous)，用意大利语说“你好”(ciao)，用法语说“你知道的”(savez-vous)，诸如此类；⑦生僻字词，尤其是那些只有学术专家或行家才熟悉的词语；⑧老调重弹，重复一些人人都听过无数遍的老掉牙的故事或事迹。

还有一些话题，虽然没必要完全规避，但只能同亲朋好友谈，而且是在他们确实感兴趣的时候谈及：①他的健康状况，或最近的手术情况；②他的宝宝及其可爱的举动；③他的孩子们，以及他们取得的优异成绩；④他的家庭宠物，当然，如果宠物是指大象、鳄鱼或大蟒蛇，则另说。

另外，还有很多禁止事项，这些禁忌虽然都非常实用，却经常有人违反。

（1）不要在大家谈兴正浓时跑题或改换话题。

（2）不要窥探别人的私生活，也不要问显得过于亲密的私人问题。

（3）不要沉迷于恶毒的闲言碎语。

（4）不要提及机密信息，除非你不介意被人透露出去。

（5）不要没完没了地夹杂一些完全不必要的口头禅，比如，“你知道的”“我的意思是”“事实上”等。

（6）不要说“请看”，如果你其实想表达的是“请听我说”。

从正面的角度，也有一些事项值得推荐，比如下列几点：

（1）多问问对方的情况；同时，注意不要谈太多自己的情况。

（2）适当控制自己的嗓音。该笑时，当然可以笑，但要避免笑得过于夸张，也不要在自己讲话时咯咯地傻笑。

（3）不管谁在讲话，都要认真倾听，而且要表现出认真倾听的样子，不能东张西望或把注意力转到别的不相干的地方。

（4）如果对话中途有人加入，要把已讨论的内容向他做个简单介绍，让他了解讨论进行到了哪个阶段，并鼓励他积极参与对话。

（5）在宴会上，要主动打破僵局，活跃气氛。主动转向你的邻座，问他一些问题，并就他的答案展开对话。具体问什么问题并不重要，重要的是让别人开口说话。

4

对于如何进行非私密型对话——理论型或实用型的心灵对话——我也推荐一些规则，可以分为两组。

一组是智力规则，指明该如何使用你的智力；另一种是情感规则，指明如何控制自己的情绪，不至于失控。

旨在说服别人的实用型谈话中，经常会出现故意调动、控制他人情绪的情况，这一点我在第四章中已经谈到，这里也没什么好多说的。因此，我将只谈谈如何管控自己的情绪。不过在此之前，我会先介绍一下在非私密型对话中，如何才能更好地使用自己的心智。

有些智力规则，我前文已经有所提及，有些还从未涉及。需要补充的有以下五点。

第一，在对话或讨论中，如果你是个积极的参与者，那么你的首要任务就是聚焦所讨论的问题。要解决什么问题？要处理什么议题？要探讨什么话题？如果要讨论的事项非常复杂，包括好几个组成部分，那么最好把讨论事项划分为几个部分，并对这些部分进行分类、排序。就好比说："我们先开始这一部分，接下来是那一部分，最后再讨论剩下的那些部分。"

为研讨会或商业会议提前准备的议程表，就起到类似的作用，可作为讨论进程的指南。如果参与者都认为，他们要讨论的问题或话题非常复杂，而且可以划分为几个组成部分，那么在对话开始之前，就可以对议程做出安排，不过不必像书面安排那样正式。

第二，时时紧扣议题。对话要在讨论主题的框架范围内展开，不管是作为一个整体，还是其中的某一部分。不能偏离主题去谈论别的事情，或者在讨论进程中穿插一些毫不相干的内容。

简而言之，要切题，开头如此，结尾如此，始终如此。我真希望，能为如何切题开出一个药方，一一治愈人们谈话中的种种弊病。做好切题无非两点，一是密切留意正在讲的要点，二是不要说任何与讨论主题关系不大、不着边际的话。

知晓哪些话与正在讨论的要点相关，哪些不相关，无非就是需要你自己理解正在讨论的内容。你可能理解了，也可能并不理解。如果你压根儿没理解在讨论什么，你就不可能知道自己说的话是否相关。在这种情况下也无计可施，只是可能会因离题万里或言之无物被人指摘罢了。

如果两人谈话时配合默契、彼此呼应，并且从不偏离谈话要点，就会像一对资深的舞伴儿那样，步伐协调，相得益彰。如果两人都争着领舞，而不愿配合对方，局面可想而知。如果对话中充斥着各种毫不相干的话语，那么就会产生同样的局面。

第三，紧扣议题或要点，但也不能死守一点。不要就同一个要点谈个没完没了，在对一个要点探究得足够深入，讨论得足够细致之后，要及时切换到下一个要点。翻来覆去地重复同一个要点或话题，会将对话引向一个死局。如果对话者不能适可而止，适时切换到下一个话题，或者有人只顾着自己高谈阔论，却未意识到大家已经就该话题谈得足够多，对话将变得磕磕绊绊、死气沉沉。

一个要点解决之后，应立刻转入下一个要点。当然，这并不是说以后就不能再谈论这一要点，在需要的时候，还是可以回过头来再谈论一二。但是，一场好的对话的确是需要稳步向前推进的。那些不用心听讲的人，往往会突然回过神来，谈论起一个早已解决的问题。这种因个别人的不专注而不得不对已解决问题重新进行解释的坏现象，可以说是对话活动最致命的弊病之一。

第四，在对话活动中，人们在发表自己的观点时，常常对观点的假设前提隐而不提；在听别人表达他们的观点时，也不清楚自己是否存在一些盲点——不理解又很难得到机会去理解的事项。与隐而未提的前提假设一样，盲点的存在会破坏对话，至少会在对话者心灵交会的过程中制造一些障碍。

如何克服这些障碍？我唯一的建议是，要保持警醒，不懂就问。同时，要明白，自己在表达观点时，往往有一些预设的观念或前提假设，要把这些藏于你脑海深处的观念、假设挖掘出来，摆到桌面上，供大家检验。

一般来说，很少有对话在谈论某一话题时，会从其本源谈起；每个人心中都有一些不同的看法，他们想当然地以为大家都很清楚。正因为如此，本条规则用下列表述方式可能更好：在别人发表观点时，要求他们承认他们的观点有哪些前提假设；在自己发表观点时，如果他们提出同样的要求，也把自己的假设都讲出来。

我们经常心生狐疑，对方说的话是不是有很多假设，尽管我们不知道那些假设到底是什么。我们自己也很少意识到，我们在讲话时通常也隐含了很多假设。最好的办法是，每个人都要清晰明白地说出自己话语里隐含的假设，并请其他人权且接受。

如果不这样做，那么迟早有人会忍不住问："乔，请先等一下。你凭什么认为我们大家都相信人生而平等？"

有些时候，那些假设本身就可以成为讨论话题的一部分；但如果讨论假设太耗时间，或需要追溯太远的话，就应先接受假设，并以之为基础继续讨论。此时，讨论是以假设的形式进行的，是先假设某个条件为真，讨论会有哪些可能的结果发生。

接下来，可以就假设本身的正反两方面展开争论，也可以先假定其正确无误，就其可能产生的结果展开争论。我可以暂时接受你的假设，但即便如此，在我看来，你的结论也是错的。

第五，避免犯那些显而易见的错误。永远不要对既定事实进行争论，有关既定事实的分歧，解决的办法是去查证。

引用权威观点时，绝不可抱着不容置疑的态度。即使你不会犯这种错误，也不要动不动就提及权威，除非真的有必要。即使有必要引用权威言论以支持你的观点，也不能仅仅只是简单地提及姓名，而是应该准确地引述他的某一重要论断，与此同时，这一论断的确能对你要说的观点有所助益。

如果乔治·华盛顿反对纠缠不清的结盟活动，或者反对总统之职任期三届，那么类似这种典故是可以引用的。毕竟，伟人或智者的言论还是非常值得我们关注的。但是伟人和智者，有时也会像我们普罗大众一样犯错。即使他们的某些观点在几个世纪以前是正确的，在今天看来也可能是错误的。权威人士的观点或许的确能支持你的立场，但是只有严谨的推理和确凿的证据，才能真正让人心服口服。

除了把权威观点视作绝对真理引用这一错误，还有一个与之相关的更为恶劣的错误。那就是，提醒别人注意，那些不认同你观点的人与某一类人是有联系的。你隐含的假设是，每个人都认为你提到的那类人名声不大好。这种辩论方式，是因人论事，是人身攻击，而不是就事论事反驳对方的观点。这不仅偏离了讨论的主题，更是一种非常恶毒的行为。

更不要把话题扯到别人的祖母、国籍、与商界或政界的联系、职业或个人习惯等方面。所有这些伎俩，都犯了人身攻击的典型错误。其中最容易让人勃然大怒的就是“株连式”辩论法（bedfellow argument）：你向某人说道，“那看来你与希特勒的观点一致了”，似乎这样一说，就足以驳倒他的观点。或许在场的每个人都相信希特勒不是什么好人，但是那并不意味着他的任何观点都是错的。

一些需要达成决议的实用性对话，尤其是在商业或政治领域，如果在事前已经商定做决策时采用多数公决原则，那可能就需要投票表决。但如果商业或政治集团的领导人认为，他的同事们通过对话形成的意见，对他来说只具有参考性而非决定性，那么投票表决就大可不必。他的最终决定有时会与大多数人的意见一致，有时也未必。如果对话的目的并不是采取某项行动，也不需要达成决议，那么投票活动非但完全没必要，往往也不受欢迎。

如果对话是理论性的而非实用性的，对话的目的是追求真理，那么这种问题就绝对不能采用投票表决的方式解决。在这些领域，多数人的观点也很容易是错的。哪怕在场的人都不同意你的观点，你仍然有可能是对的；哪怕多数人都同意你的观点，你也仍然有可能是错的。仅仅满足于多数人的认可，你的心智会被蛊惑，会被蒙蔽，再也容不下别的意见。在这些领域的讨论中，数人头表决除了能知道几人反对、几人赞成之外，解决不了任何问题。

举例时要当心。相比你要表达的观点，例子总是要么包含了太多的信息，要么包含了太少的信息，很少有完美切题的。如果你看到一个筑路工人靠着铁锹望向远方，那并不能证明所有的筑路工人都是懒散怠工的，也不能证明劳动力的怠惰是造成生产力下降的原因。如果在你举了一个例子之后，室内的其他人也都争相效仿你，纷纷举出例子支持他们自己的说法，那么对话将会原地兜圈子，止步不前。

例子可以发挥很好的作用，但其作用仅限于解释说明你的观点，绝不能用于证明你的观点。举例时应精挑细选，目的是使你的概括性陈述更加明白易懂。许多人都很难理解归纳概括性的表述，尤其是高度抽象的表述。而具象的例子正好可以把抽象的表述具体化、形象化，使其更加容易理解。

如果你听不懂别人在说什么，那么要求他们举个例子的做法，不仅没什么问题，还十分明智。如果他们不能举出令你满意的例子，那么你就完全有理由怀疑，他们自己都没彻底搞明白自己到底在说什么。

对待例子应该就像对待假设。不管假设能起到多大作用，使用假设时，都需要明白无误地告知大家，并征得大家的同意；同样，在举出例子时，也必须让每个人都能看到其与所讨论话题的关联性，也要让他们都明白，那些例子只是用来解释说明某个要点，而不是证明它。

接下来，我谈谈关于如何控制情绪的一些规则。在非私密型对话中，谈论的无论是理论性话题，还是重要的实用性问题，过度的情感流露都是不合时宜的。

第一条建议是，要留意自己或对方变得愤怒的时刻。这样的信号很多，而且各种各样：你或他开始大声喊叫；你或他开始不断地重复自己的话语，而且每重复一遍，声音就提高几分；你或他开始变得过于确信，通过咚咚地拍打桌子或其他手势强化自己的肯定态度；你或他开始放肆地嘲讽对方、揶揄对方、撩拨对方，嘲笑对方的观点；或者，你们有人开始进行前文提到的人身攻击。

如果你放纵自己嘲讽或嘲笑对方，或揪着他的一些无关紧要的小错误喋喋不休、没完没了，或对他进行人身攻击，那么，你也会把他激怒。如果他对你的各种指责和攻击表现得无动于衷、若无其事，那很可能无异于火上浇油，使你更加怒不可遏。讨论如果到了这个地步，那就演变成相互找碴儿的战争了。它不再是一场明智或意义重大的对话，也没有再继续下去的必要。

在我们说话和做事时，情绪发挥着重要的作用。但是，情绪却并不能让我们的讨论变得理性，也不能让我们的交谈变得有益或有趣。在争论中，当你发现自己开始生气、愤怒或过于兴奋时，先离开房间，给自己时间冷静一下。

在讨论小组中，当有人变得怒不可遏时，你只有两个选择：友好地劝慰他，平息他的怒气；如果这样做不管用，暂时先换一个讨论主题。他可能同你一样，也非常友善、谦和，只是发生的什么事儿，正好刺中了他的软肋。我们应该听从酒保的这句忠告，“想打架，到外面打去”。如果对话不再是非私密型的心灵交会，而演变为激烈的冲突，那就先暂停这场对话。

千万不要让一场非私密型的讨论演变成个人争吵。争论不是争吵、争斗，单靠贬低对方或打倒对方的方式，是赢不了一场争论的。

要清楚自己情绪失控可能引发的后果。它会导致你只是由于不想向对方低头认输，就故意抵制或无视那些弱化你的主张的观点，尽管你确实能看到也确实明白它们。纯粹因为情绪的原因，接受那些观点会让你非常不痛快。

同样，纯粹出于情绪的原因，你可能明明知道自己的观点是错误的，却拒不认错。如果你内心深处清楚对方的观点是正确的，自己是错误的，或者你已经有了这种预感，但是基于个人原因或情感原因，你偏想压过对方一头，那么即使你赢了这场争论，又有多大意思呢？

第十二章

心有灵犀一点通

1

心灵的交会的结果可以是求同存异，也可以是同心同德。

所有非私密型对话，不论其目的是理论性的还是实用性的，在结束时都应努力实现这样或那样的心灵交会。

实用型对话通常较难实现这一目标。这是因为，一方面，相互间的误解会阻止他们达成决议；另一方面，即使双方都已充分理解彼此的诉求，但是双方在诉求上的分歧，也会妨碍他们付诸行动。

理论型对话如果探究的是某些方面的客观真理，那么即使结束时未能实现心灵的交会，所有参与者也很有可能受益良多。对客观真理的追求，是一项漫长、痛苦、艰苦卓绝的事业。好的对话，或许能让参与者在追求真理的道路上前进那么一两步，却几乎不可能让他们一蹴而就，获得止于至善的终极真理。

对于客观真理来说，不论它是关于什么问题，最终目标都是获得普遍认同；而有些问题，可能要到时间的尽头，才可能达到这一目标。追求真理的过程，具有很多不同的阶段。在每一阶段，都会取得一些进步，但与最终目标仍相距甚远。

有时人们可能会一次又一次地谈论同一个话题，孜孜以求关于这个话题的真理。每一次对话，都可能使他们在追求真理的道路上向前迈进一步。尽管每一次对话，都不能达到相互理解的程度，也无法取得最终的、结论性的、完美无缺的一致观点，但只要讨论能让他们向最终的目标前进些许，那么每一个参与对话的人，就不能说毫无收获。

在结束上述一般性的论述之后，下面我们看看，人们在参与这种对话或讨论时，怎样才能相互理解和达成一致意见，即使不能一劳永逸，至少暂时达成阶段性目标。

2

需要遵守的第一条规则是，除非你确定自己明白对方的立场、观点，否则不要轻易对他表示反对或赞同。在完全理解之前就表示反对，是鲁莽失礼的冒犯；在完全理解之前就表示赞同，则是空洞无物的阿谀。

在表示反对或赞同之前，为了确定自己是否已经听明白，你可以礼貌地问对方如下问题：“按我的理解，您的意思是不是……？”在省略号的地方，把你听到的对方说的话，用你自己的语言表述出来。他回答你时，可能会这样说：“不是。那不是我说的，也不是我的意思。我的观点如下……”在他重新表述完自己的观点之后，你要立刻根据自己的理解，用自己的语言重新表述一遍。如果对方仍然不认可你的解读，那么就要继续这种一问一答的过程，直到对方告诉你，你终于抓住了要点，你终于像他希望的那样，完整准确地理解了他的观点。只有到了这种时候，你的反对或赞同才有理有据，才显得明智、合理。

这个过程非常耗时，需要耐心和毅力。大多数人都会选择绕过这个过程，迫不及待地讨论下去。他们宁愿冒着莽撞或空洞的风险，在理解明白之前，就表示反对或赞同。他们仅仅满足于双方意见在表面上的一致或不一致，而不追求真正意义上的心灵深处的交会。

和表面上的意见一致不同，真正的意见一致是指：面对同一个有待回答的问题，两人对问题的理解完全一致；给出的答案或许不同，但彼此都能互相理解对方的想法。

和真正的意见不一致不同，表面上的意见不一致是指：面对同一个问题，两人对问题的理解方式并不完全一致。由于他们未能就问题本身做到相互理解，他们给出的不同答案，尽管看起来确实是观点不同，但这种不同并非真正意义上的不一致。真正意义上的意见不一致，只能在这种情况下发生：双方对问题的理解完全一致，给出的答案却不尽相同。

当两个人发现他们之间存在真正意义上的意见不一致时，也应就这一分歧本身进行心灵交会。具体的做法是，认清这一分歧。要认清分歧，双方都必须摒弃各自立场下的固有偏见，以一种更加公正、考虑对方立场的态度看问题。所谓公正的态度是指，要试着从对方的角度理解对方持有如此观点的原因。彼此之间，不仅要知其然，更要知其所以然；不仅要知道对方的立场、观点，还要理解对方持有那种立场、观点的原因。

在这种情况下，你虽然可能仍然不认同对方的立场，却可以在感情上对之报以同情和理解，至少也可以彻底理解你所不认同的这种观点。这种分歧型理解（求同存异）——也是彻底理解后的分歧——可以看作心灵交会的最低级形式；而更完整的心灵交会则是一致型理解（同心同德）——彻底理解后形成一致意见。

我们每个人都应意识到，对客观真理的追求，是每一个人都应肩负的道德责任。当我们发现自己的观点确实与别人不一致时，应竭尽全力地去解决这一分歧。我们必须抱着生命不息奋斗不止的态度，去努力克服分歧，达成共识。

如果一次对话不足以完成如此重任，那么就应该换个时间继续讨论，纵使真理彼岸遥不可及，漫漫长路坎坷艰险，也应孜孜以求，至死方休。绝不可因回报有限就半途而废，有始无终。

半途而废、有始无终，就意味着放弃了对真理的追求，意味着你将待解决的有关真理的问题归结于个人品位的不同。这样一来，好像有关真理的分歧，不过纯粹是无法证实的个人意见冲突，不过是纯粹的主观性的个人偏见或偏好而已，根本没必要去寻求一致意见，也根本没必要去为之争论。

如果你发现自己的立场和观点与别人存在真正意义上的不一致，那么你应该向对方解释你的理由，可以通过下列方式来表达：

（1）“我认为，你之所以持有那种观点，是因为你不知道某些事实或理由，而这些事实或理由是非常关键的。”然后做好准备向他指出他漏掉的信息，这些信息可能足以改变他的观点。

（2）“我认为，你之所以持有这种观点，是因为你对一些关键问题的认识是错误的。”然后做好准备一一向他指出他犯的那些错误，这些错误一旦纠正过来，他应该就会放弃自己的观点。

（3）“我认为，你提到的信息都没错，你提出的证据和理由也都很充分，但是，你却从前提中推导出了错误的结论。因为你的推理过程是错的，你犯了谬误推理型逻辑错误。”然后，做好准备向他指出他犯的那些逻辑错误，这些错误一旦更正过来，他应该就会得出不同的结论。

（4）“我认为，上述几种错误你都没犯，你所得出的结论，论证严谨，论据充分；但是我认为你对该主题的思考仍不够全面完整。你需要继续深入，推导出一些稍微不同的结论，或者更合适的结论。”然后，你就要指出其他可能的结论，并说明这些结论与对方原来的结论有何不同，为何更合适。

3

实用型的心灵交会式对话，需要达成决议以便采取行动，那么就必须实现心灵的交会——理解基础上的认同也好，理解基础上的分歧也好，否则对话就没什么价值。

在这种情况下，由于要讨论的实用性问题具有现实紧迫性，对真理的追求就不可能无休无止、没完没了。有时候，即使对话的各方未能达成心灵的交会，也需要做出决议。此时，那些不同意见可能也需要记录在案，留待将来处理类似问题时参考。这类似于基于多数公决原则的司法裁决：将赞成的观点和反对的观点都记录下来。

有鉴于此，我们应认识到，在思考和谈论实用性问题时，要分成三个层次。最高的层次远非得出以实用为目的的结论及做出相应的行动，关注的是适用于问题的普遍性原则。关于这些原则，一般都能达成心灵的交会。它们包含某种可资论证的客观真理，因此也可以达成一致意见。

接下来的这个层次，是一般性法则或原则，它们是普遍性原则在不同环境下的应用，因时因地制宜。在这一层面上，理性的人们可能提出反对意见，而且他们的反对意见是无法被说服的。这一点同样适用于第三层或最低层，这一层次是一般性法则和原则在具体情况下的运用。在这一层面的争论过程中，理性之人提出反对意见的情况更常见。

比如，关于公正这一普遍性原则，人们是能够达成一致意见的，尽管公正的本质或原则曾长期处于争议之中。我们假设，现在有两人正在讨论一个实用性问题，这个问题的解决方案涉及公正原则，他们对公正原则的看法完全一致。但是，他们在这一层面上的心灵交会，并不能阻止他们在下面的层次上出现分歧。当他们把意见一致的普遍性原则具体运用到问题所处的特殊环境中时，就要讨论应该采用哪些一般性的法则或原则，此时可能就会出现分歧。

当他们的讨论进展到最低的层面上时，他们在最高层面形成的心灵交会，就更不可能保证他们不发生分歧了。此时，他们已经就采用哪些一般性的法则或原则达成了某种程度的一致意见，现在要尝试将其运用到此时此地的特殊情况，做出决定该如何行动。此时，他们的分歧，可能源于双方对可能产生的后果做出了不同的评估，也可能源于对应该考量的环境因素做出了不同的判断。

很多人都会犯一个错误，但这个错误却是应竭力避免的，那就是认为对普遍性原则的一致性看法并没任何实际意义。因为对普遍性原则的一致性看法，并不能保证人们对采用何种一般性法则或原则同样有一致性看法，也不能保证人们在将一般性法则或原则运用到具体情况时能达成一致结论。

他们对一般性法则或原则的分歧，正是基于对普遍性原则的一致性认识。如果没有对那些普遍性原则达成一致性意见，那么他们对这些一般性法则或原则的不同看法，以及对它们的具体运用的不同看法，就毫无道理可言。

因此，人们不应摒弃对普遍性原则的一致性看法；也不能仅仅因为它并不能保证他们在第二层次上就一般性法则或原则达成一致，或者在第三层次的特定情况下做出一致决定，便认为它没有任何实际意义。

4

前面提到过，理解基础上的分歧，是一个非常好的结果，而理解基础上的一致意见，则是更好的结果。关于心灵交会，我最后还必须再补充几点需要注意的事项。毕竟，包括理论型和实用型在内的所有非私密型谈话，其终极目标就是实现心灵的交会。

首先，我们不能轻易满足。因为，人类在其理性范围内，就应该努力追求自己渴望的目标。不能因为懒惰，或者因为对客观真理及追求真理过程的胡乱猜疑，就试图逃避遵循规则和建议带来的困难，而这些规则能够使对话或者讨论取得应有的效果。

其次，我们也不能期望过高。人类是一种既有情感，又有智慧的生物，但他们的智慧却经常受到情感的蒙蔽，不仅经常犯错，而且还有很多局限性。因此人们必须满足于一定程度上的不完美，不能不顾一切地追求完美的彻底实现，毕竟，完美并不是随时随地就能实现的。

我们永远不可能完全驾驭我们的情绪，也不必这样，能比较好地控制它就已经是非常理想的情况了。我们也永远不可能彻底跳出自我，跳进别人的脑海深处，完全像他一样看待事物。偏见和偏爱永远都不可能彻底被不偏不倚的态度取代，因此你不可能完全站在他人的角度看待问题。

如果某次对话结束时，我们就某一个客观真理达成了理解基础上的一致意见，我们也不能就此认为，关于该话题已经无话可说了。还有很多工作要做，要进一步去理解其先决条件及会产生何种影响。如果对话是以理解基础上的分歧结束的，那就有更多工作要做。

针对这种情况，我给出的建议是换个时间和地点再进一步讨论。暂停对话，改天继续。这条建议十分有用，尤其是当对话陷入僵局的时候，而由于时间的限制，很多对话都会出现这种相持不下的情况。

最后，请允许我说一句，好的对话需要我们践行人类的美德，需要我们有承受苦痛的刚毅，需要能缓和情绪的自制力，尤其需要让人各得其所的公平。

第十三章

研讨班：讨论式教学法

1

讲座和其他教育性发言都属于满堂灌式教学法，是说教式教学法。研讨班与此不同，是一种提问式教学法，通过提出问题、回答问题，对答案本身再提出问题、再回答的方式进行讨论式教学。这是苏格拉底式教学法。

除此之外，还有第三种教学法——教练式教学法。这种教学方法，不仅在体育技能和肢体技巧的教育中必不可少，在智力技能教育中同样不可或缺。阅读和写作，说话和听讲，以及观察、计算、测量、评估等知识技能的培养，仅仅靠说教式教学法反复灌输是远远不够的。这些技能习惯的养成，需要不断练习，需要老师像教练那样给予指导，纠正错误，并且要求做到准确无误。

这三种教学方法——说教式、苏格拉底式和教练式，分别适用于不同的知识技能学习过程。对基础领域的系统知识的学习，应该采用说教式教学法——通过讲课、讲座和教科书进行教学。发展智力技能的学习需要的是教练式教学法。而第三种教学法——通过提问和讨论进行的苏格拉底式教学法适用于增强对基本观念和价值观的理解。

对教与学的这种三分法，具体可见表 13–1，这也是《教化建议书：教育宣言》（*The Paideia Proposal: An Educational Manifesto*）一书所讨论的重点。我虽然是该书名义上的作者，但书中的观点是我和同事集体智慧的结晶，我们一致认为，必须对美国的基础教育体制进行一场根本性的改革。

这一改革提案的内容很多，其中就包括在学校恢复教练式教学法。这一教学法，几乎在我们十二年的基础教育中消失殆尽。这个提案也呼吁引入苏格拉底式教学法，即研讨班式教学法。通过提问和讨论进行教学的研讨班，除了极个别特殊情况，在十二年的基础教育中几乎完全没有出现过，即使在各大院校中也非常少见。

研讨班的缺失，给成长中的思维的发展，留下了巨大的、令人心痛的空白。根据我多年的经验，对发育成熟的思维来说，这种研讨班式的教育和学习过程，同样是其得以进一步发展的最有效方法。

表 13–1　三种教学方法比较

	方法一	方法二	方法三
目标	掌握系统性知识	提高智力技能——学习技能	加深对观念、价值观的理解
手段	说教式教育； 讲座和答疑； 教科书； 其他	教练式教学； 训练； 指导下的练习	助产术式或苏格拉底式的提问法； 积极参与
适用范围	语言、文学和艺术； 数学等自然科学； 历史、地理等社会科学	听、说、读、写； 计算，为解决问题而进行的观察、测量、估算； 做出批判性判断	讨论著作（不包括教科书）及其他艺术作品； 其他艺术活动，比如音乐、戏剧、视听艺术等

注：这三个方法并不是对应三门独立的课程，每堂课也并非只能使用某一种教学方法。

2

迄今为止，我已经教了六十年的研讨班课程，参与者既有中学生和大学生，也有参与名著阅读和讨论，以及参与阿斯彭总裁研讨班的成年人。

长期的经验使我确信，研讨班教学法，如果采用希腊式或苏格拉底式，而不是德国式，就不仅适用于各大院校，也应推广到中学。从我主持的研讨班效果来看，中学生们不仅证明了他们完全有能力像大学生一样从研讨班中获益，而且在某些方面还能表现得更好。

而且我进一步认识到，研讨班教学法同样适用于继续深造的成年人，特别是在加深他们对基本观念和基本问题的理解方面。不过这种教学法完全应该，而且也能够在他们年纪更轻的时候就开始施行。

在过去的几年，当派迪亚小组（Paideia Group）针对美国基础教育改革制定方案时，我在阿斯彭已举办了多期研讨班，对象是 10~18 岁的年轻人。另外，应各种教育系统下的学校邀请，我到全国各地演示苏格拉底式教学法，针对中学学生举办研讨班，由学校老师现场观摩。最近的这次经验使我彻底相信，非常有必要把这种教学法推广到基础教育的所有阶段。

参加过那些研讨班的学生，用最强烈的语言告诉我，那是他们人生经历中第一次被要求对观念和问题进行思考，第一次对重要话题发表观点并为自己的观点辩护。

我一次又一次地发现，他们之前接受的那些教育，显然并未给他们参与研讨班式教育做任何准备。他们都没准备好如何通过自己的思考，去回答有关重要观念的问题。也没准备好怎样进行清晰连贯的表达，如何听讲才能取得最好的效果。

观念、问题、价值观等是研讨班讨论的理想话题。可以阅读经典著作或其中的部分章节，以此为基础进行讨论，也可以精挑细选一些其他阅读材料作为讨论的内容，阿斯彭总裁研讨班上的阅读内容就是后一种情况。

研讨班甚至可以完全不需要任何阅读材料，而只是通过提问的形式来进行。可以向所有参与者提问，他们对某个基本观念是怎么理解的，比如进步、自由或公平等。当他们每个人都给出了自己的答案并做了进一步讨论之后，可以紧接着从每一个角度来探究这个观念，如果大家对那个观念的重要意义存在不同的看法，由此形成的争议也应一并解决。

在过去的三十年中，我在阿斯彭总裁研讨班上积累的经验，可能需要很大篇幅才能介绍完。在这一过程中，关于研讨班上讨论的那些观念，我学到的东西非常多——甚至可能比任何一个学员学得都要多。

在本章余下的部分，我将对我在研讨班教学——在各种各样的环境下，面对各种各样的群体——方面积累的丰富经验进行总结和提炼，形成一些意见和建议，供大家在举办类似研讨班时参考。

在前面两章提到的所有规则和建议，旨在对所有对话提供一些指导，使对话更加有益，也更加有趣，因此，它们当然也适用于发生在研讨班上的对话。研讨班讨论，只不过是双向式对话的一种特殊形式，在这种对话中，会有一个主持人，有时候是两个，对谈话的过程和方向稍加控制。

除了那些规则和建议之外，这里要补充的一些有益的规则或建议，主要是关于主持人如何在研讨过程中更好地发挥他们的特殊作用，以及参与者应该如何回应才能使研讨活动结出丰硕的成果。

3

我们先来看一看，通过提问和讨论进行的研讨班教学法，不应该是什么。

它不是那种随堂测验：老师问一堆判断题，学生回答对或错，然后老师回答正确或错误。

它不是那种变相的讲座：老师问一些问题，停顿一会儿，或者听一两个不尽如人意的回答，然后继续详细地阐述自己的问题；事实上，这不过是零星插入问题的讲座而已。

它不是那种被美化了的自由讨论会：每个人都可以自由地畅所欲言，从个人偏见到陈年旧事，只要自己认为重要，就可随意表达。

上述这些研讨班的赝品，提供不了真正的研讨班所能带来的任何回报。在真正的研讨班中，通过提问回答的方式，以及对话题意义的深入讨论，参与者能够学到很多东西。为了取得好的学习效果，研讨班必须有值得讨论的话题，最理想的是由主持人提出一些基本观念、问题或价值观等，可以根据已读的阅读材料提出，也可以自己随便提。

除了要有值得讨论的话题外，还需要其他一些先决条件。一是足够的时长。研讨班要想顺利进行，必须有充足的时间保证——至少需要一个半小时，通常需要两个小时甚至更久。那种标准的 50 分钟的课时安排，远远不足以使讨论充分展开。

第二个条件是研讨班教室内的桌椅及其摆放。应该有一张中空的方形会议桌，或者如果能更好一些的话，有一张像阿斯彭研究所用的那种六边形大会议桌，参与者可以围坐一圈，谈话时可以面向彼此。研讨班教室的桌椅摆放，应该与普通的教室或报告厅完全不同。在普通的教室或报告厅中，老师或演讲人站在前面的台上，学生或听众则一排一排地坐在下面听讲。对于连续性发言和缄默式倾听来说，这种教室或许是非常理想的，但是对于人人都既是讲话者又是听讲者的双向式对话来说，情况就完全不同了。

第三个条件是研讨班参与者的心态，既要开放包容，又要从善如流。

所有的参与者，包括主持人在内，应该做好心理准备，他们参与的这场讨论可能会改变他们的一些看法。他们应该对新思想、新观点保持开放的心态；面对这些自己从未接触过或考虑过的新观点时，应从善如流，而不应顽固抵制或消极接受。

从善如流（也即孺子可教）这一美德，是学习中最为重要的美德。在面对新观点时，不管是接受还是拒绝，在你做出决定之前，一定要抱着从善如流的态度和开放包容的心态，去审视、检验那些观点。有些人顽固地吹毛求疵、咬文嚼字、强词夺理，为争论而争论，而非为学习而争论；有些人囫囵吞枣、道听耳食，对新的观点不假思索地全盘接受。这两种人都不是从善如流的人。

4

主持人的任务包括三项：第一，通过提出一系列问题，控制讨论进程，引导讨论方向；第二，对回答进行评论，并找出其中的根据，指出其中的意义；第三，当出现相互矛盾的观点时，引导他们进行双向式讨论。当他们随即展开对话时，主持人有时会参与其中，而这正是一次好的研讨班最重要的部分。

为了较好地完成第二项和第三项任务，主持人不仅需要积极地提出问题，还要同样积极地倾听大家的发言。从我多年参与研讨班的经验来看，这一点，是主持人最重要也最难做好的责任。

在一个规模在 20~25 人的研讨班，要认真听清每一个人说的话，是非常耗费精力的，但是主持人必须克服自己的疲劳感，持续积极地倾听，直到研讨班结束。一天做两三场讲座并不难，但是我非常怀疑是否有人有足够的精力，在一天之内很好地主持超过一场研讨班。

除了倾听之外，主持人提问题的过程同样需要消耗大量的精力。他不能只是像大会主席那样坐在那儿，按照参与者接受邀请的顺序，请他们轮流发言。这样做的确可以保证讨论活动秩序井然，不会出现抢着发言的情况；但这却无法实现研讨班教学法应该达到的那种学习效果。只有苏格拉底式提问法才能实现。

这种学习方法的根本就在于主持人提出的问题。这些问题应该是这样的：能够引起争论；对这些问题的初步回答应能进一步引发新的问题；答案不应只是简单的对或错；如果是带有推测的假设性问题，应审视其可能的影响或后果；如果是有很多组成部分的复杂问题，需要逐一有序地对其进行讨论。

最重要的是，主持人必须确保他提的那些问题大家都听清楚并且理解了。这些问题不能仅仅被视作一种信号，提示参与者需要做出回应，而不管他此刻正在想什么，或所说的内容是不是和问题相关。

为了让大家彻底理解他的问题，主持人需要用不同的表述方式一次又一次地重复提出同一个问题，并用不同的例子去解释说明。而且主持人还要提醒参与者，在他们基本确认自己理解问题之前，不要做出回答。如果他们对问题理解得还不够清楚，应要求主持人重新表述一遍。

要想做到这些，主持人和参与者双方都应不辞辛苦、尽心竭力。毋庸赘言，主持人和参与者双方也都需要听得认真，说得明白。任何一方都不应听时漫不经心、三心二意，说时混乱不清、语无伦次。任何一方都不能仅仅满足于表面上都能接受的观点，而不去探究其深层的原因，以及此观点如果的确是真理的话，其可能带来的结果。

5

我在前面介绍了如何以苏格拉底式提问方法进行研讨班教学，但并未提及研讨班的不同种类。一种研讨班，其参与者都是成年人，就像阿斯彭总裁研讨班，这种研讨班的主持人可能并不是专业的教师。另一种区别较大的研讨班，是学校和大学开设的研讨课，主持人都是专业的教师，主持人与参与者在年龄与成熟度上都存在较大差别。

前一种情况，研讨班是为那些早已离开校园的成年人提供一个继续接受教育的机会。后一种情况，研讨课是学校教育体系中一个必不可少的组成部分，在最理想的学习阶段，为学生在成人后的成熟阶段的继续学习奠定基础。如果没接受过这种研讨课教育的话，一个人不论在他未成熟期接受了多少学校教育，或者受到了多么好的学校教育，也都无法成长为一个有教养的人。

一旦专业教师被要求主持学校的研讨课，他们很快就会发现，苏格拉底式教学法与他们习惯的说教式教学法截然不同。对他们来说，说教式教学法可能是他们唯一采用过的教学方法。

在说教式教学法下，教师们比学生们懂得更多的知识；如果不是这样，包括他们自己在内，没人会认为他们是称职的老师。他们掌握了学生们应该掌握的知识，他们上课的过程，就是把自己脑海里的那些知识传输到学生们脑海里的过程。

研讨课中的苏格拉底式教学法完全不同。在研讨课堂上，老师作为主持人，也是一名学习者，只是相比学生，他具有更强的学习能力；对所要讨论的所有材料，他都具有更强的理解能力；更善于通过明智的对话或讨论，来增进自己对讨论材料的理解。

作为讨论活动的领导者，在讨论过程中，老师不应认为自己有能力知道所有待讨论和待探索问题的正确答案。很多值得探讨的问题，往往并不存在某个唯一的标准答案，相反，有很多答案都值得被关注、理解或评判。因此，作为讨论活动领导者的老师，其能力更应该体现在能够准确识别出这样一些重要问题，这些问题具有各种各样值得考虑并需要做出评判的答案。

在《教化建议书：教育宣言》一书尚未出版之前，关于它的消息就已不胫而走。《美国学校管理委员会杂志》邀请我写一篇文章，介绍一下我给年轻人开研讨班的经历。另外，关于如何把这一教学方法推广到美国的所有学校，至少是七年级以上的所有学校，我也应邀提出了一些建议。

在附录二中，我节选了我那篇文章中的部分章节，针对如何筹备、如何进行这种研讨课提出了不少建议。

结语

第十四章

对话与人生

1

在人类的所有活动中，相互间的对话交流，是最能体现人类特质的活动。从长远来看，它有可能是人类活动中，唯一能使人类最终区别于动物、机器的活动。

在 20 世纪，人类已经能够训练黑猩猩使用极少量手语。对此现象，如果不加批判地凭空解读的话，似乎黑猩猩能够发表观点，回答人类的问题。即便如此，黑猩猩之间也不会相互交谈，而且在自然状态下，它们更是完全不会说话。在野外生活中，与包括瓶鼻海豚在内的其他高等哺乳动物一样，黑猩猩之间都是通过信号，而非通过具有感知目标或思维目标的符号进行交流的。

问题的关键当然不是说只有人类才会与同类进行交流，所有的社会性动物之间，都会进行某种形式的交流活动。问题的关键在于人类进行交流的具体形式。人类的双向式交流活动，能实现双方的心灵交会，能分享彼此的理解和思想，以及感受和愿望。

通过分享思想和情感，在理解基础上达成共识或者产生分歧，人类成为唯一一种可以进行真正亲密交谈的动物。尽管其他动物也可以通过信号相互传达情绪和想法，但却无法走进彼此的内心世界。它们能够交流，但却无法亲密交谈。如果没有亲密交谈，人类就无法形成社会；而如果没有对话，人类也不可能进行亲密交谈。

20 世纪，我们见证了被誉为人工智能机器的诸如电脑的诞生。其发明人和推崇者声称，这些机器很快就能完成人脑所能做到的一切工作。他们更进一步宣称，在未来的某一天，这些机器能模拟人类特有的活动，比如阅读和写作，倾听和说话，以及计算、解决问题和做出决策等。而且，他们预测说，机器在这些方面的表现，与人类的表现将毫无分别。

三个世纪以前，法国著名哲学家勒内·笛卡儿曾就此预测做出反驳。他断言，至少有一项活动能够把机器与人类区分开来。机器无论多么精妙，对人类的模拟无论多么成功，在这项活动上面，它都无法达到以假乱真的程度。笛卡儿指出，这项人类活动，就是谈话。在他看来，谈话是使人类从根本上区别于野兽和机器的关键要素。

在他的名著《方法论》（*Discourse on Method*）的第五部分，笛卡儿坦承，人类能制造出精密复杂的机器，这些机器能够成功模拟缺乏智力、推理或概念性思维能力的其他动物的行为模式。如果有一些机器，拥有猴子或其他不具理性的动物的器官和外形，笛卡儿承认，“我们将没有任何办法，去否认那些机器与动物具有相同的自然属性”。在其他地方，他又写道：

> 一个显而易见的事实是，一个人不管多么腐化堕落或愚不可及，都能把不同的字词组织成自己的语言，以表达自己的观点；相反，其他任何动物，无论其发育多么完美，生长环境多么适宜，都不能做到人类所能做到的这一点……
>
> 这不仅仅显示出，相比人类，野兽具有更少的理性，更显示出，它们压根儿就没有理性；因为，很明显，讲话本身并不需要多少理性因素……

笛卡儿哲学的一个核心观点是，物质不能思考。也因此，他使用机器——纯粹物质的机械装置——来反驳那些物质至上主义者的对手，可谓与他的思想主旨非常一致。下面这段话显示了他是如何犀利地驳斥对手的，不过我只引用了第一部分的内容。

> 即使当真有这样的机器，不仅和我们人类的身体非常相似，而且还能模仿我们的动作——姑且认为能做到这一点，我们也会有两种确定的检测方法，准确识别出它们不是真正的人类。
>
> 第一，它们永远不可能像我们人类一样，通过语言或其他符号把自己的思想记录下来，供他人使用。这一点不难理解，机器能够被设计得可以自主吐出几个简单的字词，甚至也能够针对人类的动作做出一些回应，这些回应还可能带来它某些“器官”的变动。例如，如果它的某个地方被按到，它可能会问我们人类想同它说什么；如果被按的是其他地方，它可能声称自己受到了伤害，诸如此类。但是，它永远不可能随意组织、任意变换自己的表达方式，从而以更合适的方式应对人类同它讲的各种各样的话题内容。而这些，即便是最低等的人类也能做到。

笛卡儿这里要说的，以我的理解，意在强调人类对话中的无限灵活性和多样性。如果在很长一段时期内，两个人除了睡觉之外，一直进行双向式对话，我们几乎不可能很准确地预测他们俩会如何交替发言，会说些什么，会涉及什么问题，又会给出什么样的答案。

恰恰是这种不可预测性，使人类的对话活动不可能被那些程序化的机器完全模拟，达到以假乱真的程度。在 20 世纪，笛卡儿那句格言“物质不能思考”，可以重新表述为：人类技术的魔法无论多么神奇，都无法把物质改造为能够真正进行思考的机器。

在附录一的演讲中，我对此问题做了解释。我认为，在那篇演讲中，我已经证明了机器永远——直到天荒地老——都不可能像人类那样对话。具体论述在此不再赘述，请各位读者参考附录一。

如果读者认可并接受我的论证，那么你们也应该会接受我的结论：只有人类能够凭借其头脑、智力和概念性思维能力，进行彼此之间的对话活动。能够达成心灵交会的双向式对话，仍然是使人类区别于动物和人工智能机器的无可辩驳的证据。

2

通过对话，人类之间能够实现情感上的交融，这种交融在我们的私人生活中具有非常重大的意义。它能够把家庭成员——丈夫和妻子，父母和孩子——团结在一起。就如同恋人们渴望结合为一体一样，它能够使人们在精神上水乳交融。

请注意，我说的是“通过对话，人类能够实现情感上的交融”，而不是“通过对话，人类就实现了情感上的交融”。人类有时候——事实上，太多时候——在双向式对话中，尤其是在私密型的交心式谈话中，由于讲话或倾听表现糟糕，而无法实现情感交融。

如果没能实现情感交融，那么夫妻之间就少了精神层面的维系，而只剩下性的纽带，这通常使他们的婚姻难以维持下去。由于无法进行交心式的亲密交流造成的婚姻破裂，与彼此间性吸引力的弱化造成的婚姻破裂同样普遍。

伴侣之间，如果只有身体上的结合，而缺乏情感上的交融，那么这种关系并非完整意义上的人类关系。在这种关系下，他们也很难亲密无间地对话，向彼此倾诉自己私密的或情感上的事情。如果夫妻双方之间缺乏经久不衰的、无所不包的沟通交流，并进而实现心灵的交会，达成理解基础上的共识或分歧，那么他们的婚姻就会缺乏生机，出现亟须弥补的真空或空白。

父母和孩子之间，也存在类似的情况。所谓代沟，正是由年轻人尤其是青少年与父母之间沟通交流失败造成的感情真空或空白。青少年们在自己和父母之间架起的藩篱如果被打破，最明显的标志，就是他们又可以同父母无拘无束、坦诚地聊天。青春期的代沟将他们分离，一旦过了青春期，那种情感的交融又能把一家人凝聚起来。如果没有出现这种和解的话，父母与孩子之间可能就会出现永久性的隔阂、疏离。

那些破裂的、被拆散的家庭，不管是因为夫妻的离异还是父母与子女的隔阂，都见证了双方对话活动的彻底恶化——如果他们之间曾经存在过真正的对话活动的话。

除了家人之间的这种血缘关系，朋友或恋人之间也面临着相同的终极选择。他们只有能够而且始终如一、坚持不懈地进行有益又有趣的对话，他们的友谊或爱情才能够永葆青春活力，实现真正的情感交融。

关于友谊的最高形态，亚里士多德曾经给出这样的定义：友谊的双方具有类似的美好品格和高尚道德，并进而形成情感的交融。我认为，还应加上一点，还必须通过对话实现思想的交会，进而形成智力层面的交融。

无论人类的对话交流能够多么完美地实现情感层面和理智层面的彼此交融，也无法彻底克服个体的孤独。在某种程度上，世间的芸芸众生都是孤独的，都被禁锢于自我感情和理智所搭建的孤独的牢笼里。总有那么一些想法，无法诉于人知；

总有那么一种感受，无法让他人彻底理解。

或许，我们永远不会像其他动物那样，彼此之间彻底隔绝，但是我们也不能完全克服沟通上的障碍。在这个尘世中，我们人类的社会永远不可能臻于完美，就像神学家们设想的天堂那样，圣人们亲密无间，天使们相携为伴。

3

翻过私人生活这一篇，我们再来看看商业和政治生活中人与人之间的交往。在这些领域，好的对话带来的贡献同样非常重要。

大多数的商业企业都频繁召开各种冗长的会议。很多时候，相比于会议产生的效果，会议过程往往过于频繁、拖沓，也过于浪费时间和精力。

会议议程往往被安排得乱七八糟，讨论过程也经常离题万里、不着边际。交替发言时的情形往往为：倾听者并未留心听别人的发言，因此也无法就他人的发言做出有针对性的回应；而那些发言者所谈的内容，也往往可能因为表述得极其生涩、不知所云，并不值得别人认真听讲。另外，讨论的过程也经常止步不前，不能及时从一个要点进展到下一个要点，向着最终决议的目标有序推进。

当前一次会议未能实现心灵的交会时（针对某个实际问题，未能达成理解基础上的共识或分歧，继而无法采取行动），接下来针对同一问题召开的会议，往往不能对已讨论的部分做出充分的总结，而是大量重复上次已经讨论的内容，不能在上次讨论的基础上向最终目标继续推进。

下面，我用我自己的一段切身经历来说明改进商业会议的重要性。在 20 世纪 30 年代后期，我和哈钦斯在芝加哥大学倡议的教育改革遇到了巨大的阻力。当时的我非常沮丧、心灰意冷，一度考虑离开大学，接受纽约的梅西百货公司提供的一个工作机会。

他们向我提供的薪水是我担任教授收入的六倍。当我问公司董事长珀西 · 施特劳斯（Percy Strauss）我的具体职位是什么时，他告诉我，我将担任负责某部门的副总裁。我又继续追问我的具体职责是什么，他回答说，我的职责将包括思考梅西百货公司业务的所有方面。

这个答案在我看来有点不够清晰具体。于是，我要求施特劳斯先生给出一个更加具体的答案。他没有直接给出答案，相反，他向我提出了一个问题。他问我，根据我将拿到的工资水平，我认为我能为公司做些什么。

我告诉他，除了其他所有我可能要承担的工作，我将负责优化梅西百货公司的商业会议，通过提高会议效率，不仅降低会议的频率，也同时节约公司高管们的宝贵时间，从而让他们有更多时间在他们的私人办公室内完成那些重要的工作，而不需围坐在会议室内的会议桌旁，白白浪费几个小时。

梅西公司的董事长迅速查看了他的高管们的年薪，计算出了更少的会议时间能够节约的薪水和提高的效率，以及通过节约时间、提高效率所能带来的其他益处。于是，他毫不迟疑地告诉我，如果我能做到我所说的，那么付给我的那笔薪水真可谓物超所值。（后来，由于其他一些原因，我没有接受这份工作。）

这里我谈到的所有有关商业会议的观点，都同样适用于各大专院校的教师会议，适用于医院举行的旨在讨论决定某项政策的医师会议，适用于基金会和其他非营利性机构的董事们聚在一起解决实际问题的会议，或者达成影响未来行动的决议的会议。

4

公众、公务人员及公职候选人对公共问题进行公开讨论，是共和国体制的命脉。

没有对公共事务——隶属于全体公众的事务——进行公开

讨论的共和国，只不过是真实自我的虚拟画像而已，就像一个军事组织，既没有军备，又没有使用武器的战略战术。

对于共和国来说，是全体公民直接参与，还是全体公民作为一个整体，由选举出或被遴选出的官员组成代议制政府，这两种形式并无区别。在古希腊和古罗马那些古老的共和体制时代的城市广场和集会广场，见证了那个时代公开讨论在人们生活中的重要作用。

元老院与罗马公民（SPQR，Senatus Populusque Romanus）是罗马共和国鼎盛时期的象征，代表了贵族和平民、长老和公民在政府中的共同参与。他们一起对公共事务进行公开讨论。

后来，恺撒的帝国专制统治取代了共和政府，终结了公开讨论时代。人们再聚在一起时，不再是为了公开讨论公共事务；只有在进行多少有些野蛮血腥的休闲活动时，人们才会聚到露天圆形剧场或竞技场内。元老院的长老们，各自待在自己的家里，竭力避免插手公共事务的任何嫌疑。于是，公开讨论终结，共和体制作古，而恺撒与执政官和禁卫军们一起接管了政府的一切事务。

现代社会的共和体制，大多都是代议制政府，有议会、国会及其他各种名目的立法机构，取代了古代那些共和体制下的城市广场和集会广场。“议会”（parliament）这个词，是立法机构的各种名目中最具代表性的一个。这是因为，从词源学上看，这个词意味着这个政府部门涉及演讲或对话，而这类演讲或对话，当然与公共事务有关。

美国在为数众多的宪法修正案中，明确提到人们有集会的权利，并保护人们的言论自由。这再一次显示出不受制约的公开讨论对共和体制下的生活是多么的重要。

这些宪法条文的强制执行，虽然能确保大家对公共事务的公开讨论不受约束，但是它没有也不可能保证这些讨论能取得预期的理想效果，无论是代表民众的国会议员的讨论，还是那些为政治讨论目的而聚集在一起的民众自己的讨论。关于这一点，无论怎么修改宪法条文，也不管政府采取何种行动，都无法保证。要改进公开讨论和政治辩论的质量，方法只有一个，那就是改进全民普遍接受的校园教育的质量。

而对教育质量的改进中，最为关键的，是提高民众的听说能力，使人们能够高效地进行双向式对话，以及提高民众对政府框架中的基本政治理念和政治原则的理解能力。

在普选制和民主共和体制出现之前的古代共和体制下，这种教育只局限于具有公民身份的少数人，当然，这也并无不妥。但是，在现代社会，“我们这些人民”等同于“我们这些所有心智发育正常的成年人”。因此，不仅要改善教育质量，还要惠及全体人民，一视同仁。要像普选制那样，向全民推行普及教育。

多年以前，不列颠百科全书出版公司出版发行了一套丛书——《西方世界伟大著作》。罗伯特·哈钦斯为该套丛书撰写了一卷导言，题目就叫《伟大的对话》(The Great Conversation)。他在这卷导言中指出，那些伟大著作的作者对一些共同的主题都进行过长久而持续的对话，这些对话正是西方思想界的传统，或者至少是其基本框架。

在编撰与该套丛书相配套的工具书《西方大观念》时，我试图验证罗伯特·哈钦斯“伟大的对话”这一观念。我整理出差不多3000个对话主题，并在那些伟大著作中逐个列明，这个或那个话题曾被所有或几乎所有的作者讨论过。

在《伟大的对话》开篇，哈钦斯不仅宣称西方传统最显著地体现在伟大的对话，他还同时指出，西方文明的决定性特征就是，它是一个也是唯一一个对话的文明。我实在忍不住要把那整段原文引用过来。

> 西方的传统，体现于伟大的对话。那种对话，肇始于人类历史的黎明，绵延不绝，直到今日。其他文明，或许各有优点；但在对话这方面，没有任何文明能与西方文

明相媲美。其他任何文明，都不敢声称，自己文明的决定性特征也是这种对话。西方文明史中，对话孕育了为数众多、饱含思想结晶的伟大著作，这些著作如此之多，其他任何文明中的对话活动都不可匹敌。西方社会前进的方向，正是基于对话的文明。西方文明的精神，也正是不断探索的精神。其主导要素是逻各斯（logos）①。世间诸物，无所不谈；人间众生，畅所欲言；天下之理，尽得检视；所思所想，交流普遍。这种盛况下的思想的交流，为人类潜能的实现，铺平了道路。

为了展现自己的哲学思想——无外乎对那些最基本的观念的看法，人们开始把对话书写下来。这一过程，发端于古希腊，延续至古罗马，至中世纪的大学口头辩论中，形式有所变化，比如托马斯·阿奎那（Thomas Aquinas）以书面形式详细记录下来的那些口头辩论。直到进入现代社会，这一传统仍在延续，比如贝克莱主教（Bishop Berkeley）、大卫·休谟（David Hume）等人的书面对话记录。

在那篇《论公民自由》的论文中，休谟承认了对话在人类

① 逻各斯是欧洲古代和中世纪常用的哲学概念，在希腊文中有“语言”和“世间规律”的意思。——编者注

生活和人类社会中的中心地位，并赞扬了法国人在这一点上很好地改进了希腊人的传统。

> 在某一方面，法国人甚至已经超越了古希腊人。他们已经使这项艺术趋于完美，这项艺术用处最大又最能给人带来愉悦，是关于生活的艺术，是关于社会和对话的艺术。

怀着对法国人的无限敬意，我们也必须认识到，到了18世纪，对话在英格兰和美洲殖民地繁荣兴盛起来。如果没有这一过程，美利坚合众国这个共和体制，可能压根儿就不会出现。只是到了19世纪末期，对话这一传统才开始日渐式微、渐趋消亡，到了我们这一代，已经滑到了最低谷。这种衰落的趋势并非孤立，而是公共教育质量不断恶化的结果。随着接受公共教育的学生数量从极少数发展到大多数，再发展到所有的儿童，教育质量却每况愈下。

5

最后，把我们的眼光从国内的、地区性的政治生活转向国际。在这里，对话的重要性达到了顶峰。国与国之间的外交对话一旦失败，就会爆发战争。对话的失败，会率先见诸报端，比如，“对话正在恶化”或者对话已经“破裂”。随后，如果国家间的利益冲突足够严重，为了维护本国利益，双方除了诉诸战争，别无选择。

关于这点，公元1世纪的西塞罗论述得最为有力。他写道：

> 解决争端的办法无非两种：一种是讨论协商，另一种是诉诸武力。第一种体现了人性，第二种见证了兽性。唯有第一种办法失效时，我们才能采取第二种办法。

几个世纪之后，意大利人马基雅维利（Machiavelli）及英国人约翰·洛克（John Locke），用稍微不同的语句阐述了类似的深刻洞见。马基雅维利写道：

> ……斗争有两种方式，一种是通过法律，另一种是通过武力。第一种方式是人的方式，第二种方式是野兽的方式。但是，由于第一种方式常常不能解决问题，人们就必须采取第二种方式。

对这一观点，洛克所做的表述如下：

> 人类之间存在两种争斗方式，一种遵照法律，另一种依赖武力。而且，这两种方式之间存在这样一种关系：前一种方式终结之日，就是后一种方式登场之时。

马基雅维利所谓通过法律斗争，以及洛克所谓遵照法律解决争斗，与西塞罗写的解决争端的第一种方法是讨论协商而非武力并无二致。以司法裁决解决任何争端或利益冲突，无不涉及讨论。如果达成的决议在法律上需要被强制执行，这种强制力就意味着，只有合法组建的政府才被授权拥有这种独一无二的武力。其他任何未被授权的武力，都是暴力。使用任何未被授权的武力，都是违法犯罪的暴力行为、恐怖主义或战争。

没有诉诸武力，就无所谓战争。我们所谓的“冷战”，并未诉诸武力或其他暴力手段，也未爆发真正的战争，但是，这仍是一种战争状态，而非和平时期。这是因为，在冷战状态下，无法通过讨论协商，或通过合法武装强制执行法律决议，来解决争端或冲突。

和平，或者说，真正意义上的公民的和平，与冷战完全不同。除了未爆发真正的战事之外，冷战与战争并无本质区别。真正的和平意味着，存在这样一种机制，通过讨论协商或诉诸法律，可以解决任何争端或冲突。

解决争端的对话或商谈机制，由公民政府提供。如果政府机器运转良好，它会阻止对话滑向个人或国家不得不诉诸武力的深渊，在诉诸武力的深渊里，解决争端的方法只有丛林野兽的方式，而没有文明社会人类的方式。

从对战争与和平的理解中，我们能学到的经验教训是，就像区域性的公民和平需要有强制力的区域性公民政府一样，世界性的公民和平，也同样需要有强制力的世界性公民政府。

我完全明白，这一经验教训，对于绝大多数人来说，不过是毫无希望的海市蜃楼或令人绝望的天方夜谭而已。他们马上的反应就是，构建一个像美国政府那样的联邦式的世界性公民政府，无异于乌托邦式的白日梦。如果他们还怀有极其强烈的狭隘的民族主义情绪，那么就更加不会欢迎这个构想了，因为那势必导致国家主权的部分丧失。

对于这些反应，我的回应是，世界性政府不仅有利于维护世界和平，而且有其必要性和可能性，因为如果没有世界性政府的话，人类很可能无法在这颗星球上长期生存下去。美洲的十三个殖民地赢得独立后，在《邦联条例》（Articles of Confederation）的约束下，结成了一个相对松散的邦联政府，就像如今世界各国松散地团结于联合国那样。但是，在邦联政府下，各州很快发现它们彼此之间仍然矛盾重重，于是最终放弃了主权，结成了美利坚合众国这个联邦共和国。

为了支持用《美国宪法》取代《邦联条例》，汉密尔顿（Hamilton）、麦迪逊（Madison）和杰伊（Jay）共同编著了《联邦党人文集》（*Federalist Papers*）。在这部文集的前九篇，作者论证了为何应结成联邦联盟——《美国宪法》序言中宣称，这是一个更完善的联盟形式——他们的论述可谓切中肯綮。

他们论述道，根据《邦联条例》，这块新大陆上目前相互独立的这些州之间很有可能会爆发战争，究其原因，看看旧大陆就一目了然。在旧大陆，各国之间征伐不断，几乎永无宁日。如果他们今天仍健在，肯定会用类似的逻辑指出，在阻止战争方面，《联合国宪章》并不比《邦联条例》有效。

我只需再补充一点。1946 年，当最早的两颗原子弹被投下之后不久，在芝加哥大学，这个最早实现核裂变并研制出原子弹的地方，当时的校长罗伯特·哈钦斯组织成立了一个“世界宪章起草委员会”。经过两年的思考与讨论，该委员会形成了一份文件，由芝加哥大学出版社出版发行，题目为《世界宪章初步草案》。

我认为，这份文件说明了世界政府不仅对于维护世界和平不可或缺，而且也并非无稽之谈，它是完全有可能实现的。唯一的悬念在于世界政府是否能够及时出现。如果出现太晚，任人类的战争摧毁地球，毁灭地球上的文明，就为之晚矣。

6

最后，请允许我再一次强调，如果你拥有大量的自由时间和闲暇时光，且你的休闲活动不是纯粹的娱乐或放松，而是能够使自己在心智上、德行上及精神层面上有所学习成长，那么，对话在你的私人生活中将发挥重要的作用。

人们的闲暇活动，可以独自一人进行，比如阅读、写作、创作艺术品，或其他任何独自一人完成的活动；也可以是社交性活动，需要与他人互动，比如谈话或双向式对话。任何类型的智力型工作，艺术性的也好，科学性的也好，学术性的也好，只要在完成过程中需要多人合作，那么就离不开对话或讨论。

人们长大成年以后参加闲暇活动，对于他们完成自身的教育过程来说是必不可少的。人们本应在学校就接受足够的教育，做好充分的准备，可惜天不遂人愿。正因如此，在人类的整个成年阶段，如果不能坚持继续学习的话，无论其在学校接受了多么好的教育，都不可能成为一个真正有教养的人。

继续学习有哪些主要的、最为普遍的形式呢？我的答案是如下三种。

第一种学习，是在人们的生命体验中，对人生和社会进行不断挖掘和探索；第二种学习，是通过阅读好的书籍，增长知识，深化理解；第三种学习，是与他人进行有益而有意义的对话，探讨交流旅行中的见闻、阅读的书籍、获得的知识及理解的事物等，通过这种交流，彼此都能收获良多。

这三种学习方式是缺一不可的。如果只有前两种，而没有第三种，成年阶段的继续学习过程就是残缺不全的。只有包括了所有三种学习方式，使学习的过程变得完整，一个人才可能最终成为一个真正有教养的人。也正因如此，学好听和说，对我们每个人都至关重要、不可或缺。

附　录

附录一

哈维·库欣纪念演说

(1982 年 4 月发表于美国神经外科医生协会年会上)

导言

1. 我深感荣幸受邀发表哈维 · 库欣纪念演讲——或者演说，就像题目中指出的。但我希望，这是一场演讲，而不是演说。
2. 我何止感到荣幸，甚至有点受宠若惊。我的研究领域是心理学这种软科学，以及哲学这种甚至更软的学科，而在座的诸位，都是那些硬到骨子里的科学的领军人物。
   (1) 当肯普 · 克拉克（Kemp Clark）医生第一次邀请我的时候，我是非常犹豫的。我不知道，是我不具备演说家所必备的雄辩口才使我望而却步，还是哈维 · 库欣的赫赫声名使我犹豫不决。

（2）最终使我克服以上两点顾虑的，是迅速涌入我脑海的诸多往事——我不仅回忆起自己对库欣医生是多么仰慕，也想起年轻时候的自己对神经生理学有多么浓厚的兴趣。

（3）在早前与克拉克医生的一次电话沟通中，我告诉他，20世纪20年代早期，当我还是哥伦比亚大学一名年轻的心理学讲师时，我就经常去当时位于59街靠近第10大道的内科与外科医学院（College of Physicians and Surgeons），参加蒂尔尼（Tilney）教授和埃尔文（Elwyn）教授的神经解剖学课程。

① 埃尔文教授是解剖学家，大多课程都由他讲，他还指导我们用显微镜观察脊髓切片。

② 蒂尔尼教授是那个时代最伟大的神经学家之一，他的一堂课使我至今记忆犹新。那堂课在晚上，他穿着一身晚礼服，给我们讲他对大脑病理的诊断，以及治疗过程中涉及的外科手术。

3. 作为一名心理学的学生和老师，我对大脑和中枢神经系统的活动机理一直非常感兴趣。

（1）威廉·詹姆斯的两卷本《心理学原理》（*Principles of Psychology*）的前几章中有大量关于思维与大脑关系的

推断，拉德与伍德沃斯合著的《生理心理学》（*Elements of Physiological Psychology*）一书同样如此。如果你今天再去读这两本书，肯定会因为书中充斥的无知而哑然失笑，而那些内容，在当时都是科学知识。

（2）近些年，我在这一领域读的书，相比那两本书的认识，进步了不少。我这里就随便说几本：

查尔斯·斯科特·谢灵顿的《神经系统的整合作用》（*Integrative Action of the Nervous System*）；

查尔斯 · 贾德森 · 赫里克的《老鼠与人类的大脑》（*The Brains of Rats and Men*）；

约翰 · 卡鲁 · 埃克尔斯的《思维的神经生理学基础》（*The Neurophysiological Basis of Mind*）；

沃德 · 哈尔斯特德的《大脑与智能》（*Brain and Intelligence*）；

沃伦· 麦卡洛克的《思维的化身》（*Embodiments of Mind*）；

卡尔· 斯宾塞· 拉什利的《大脑机制与智能》（*Brain Mechanisms and Intelligence*）；

怀尔德 · 潘菲尔德的论文《思维的生理学基础》（*The Physiological Basis of the Mind*），此文被收录于《思维的控制》（*Control of the Mind*）一书。

（3）最近这几年，实验研究与人工智能领域技术的进步，为思维的物质基础研究注入了新鲜的血液，于是，我又转而读了下列几本书：

约翰·冯·诺依曼的《计算机与人脑》（*The Computer and the Brain*）；

艾伦·罗斯·安德森主编的论文集《思维与机器》（*Minds and Machines*）；

艾伦·麦席森·图灵的论文《计算机和智能》（*Computing Machinery and Intelligence*）；

约翰·扎卡里·扬的《大脑程序》（*Programs of the Brain*）；

丹尼尔·克莱门特·丹尼特最近的著作《头脑风暴》（*Brain Storms*）。

（4）请诸位专家多多包涵，容我在这里夸夸其谈、班门弄斧。我前面之所以提到我读过的那些神经生理学和人工智能领域的书，只是希望能借此打消你们心中的疑虑，毕竟，我要从哲学的角度——甚至形而上学的角度——探讨思维与大脑的关系问题。

① 你们可能怀疑，我从哲学角度所做的推断，反映的无

非是些陈旧过时的理论见解，在最新的科学研究面前，完全站不住脚。

② 你们甚至还会怀疑，我既然是以哲学家的身份与你们交谈，那么我可能会对话题涉及的相关科学知识知之甚少，甚至会表现出无知者无畏的姿态来。

③ 我在这里向你们保证，以上两点疑虑都没必要。对神经生理学的最新进展，我可能掌握得还不够充分。但是，我希望你们发现，我从哲学角度思考思维与大脑的关系，并非无的放矢般完全不顾背后的科学事实。

4. 我想与各位探讨的问题，主要是以下两点：

（1）我们关于大脑和神经系统的知识，中枢神经系统也好，自主神经系统也好，现在或将来是否足以解释所有的动物行为？

（2）假设上面问题的答案是肯定的，那么接下来第二个问题是，根据我们对人脑及神经系统的认识，已有的知识也好，未来可能掌握的知识也好，我们是否也能成功解释人类行为，尤其是人类的思想？

（3）我相信，你们会立刻注意到，在第一个问题得到肯定答案的基础上，回答第二个问题的关键在于，人类与野兽的区别，是根本上的种属不同，还是仅仅是程度上的差异。

5. 为了探讨和思考以上两个问题的答案，我建议采取以下步骤：

（1）首先，简要解释种属不同与程度差异之间有何区别，尤其是种属不同的两种类型——实质性不同与表面上不同。

（2）其次，通过比较人类与天使的关系，阐释实质性的种属不同这一概念，进而消除一个关于思维与大脑关系的错误观念，希望你们也都认为这一观念是错误的。

（3）再次，探讨人类与野兽的关系，以及人类与人工智能机器的关系。

（4）最后，提出我所认为的有关大脑与思维关系的正确观点。当然，所谓正确是相对的，在未来的神经生理学及人工智能领域的实验研究能够驳倒这一观点之前，它是正确的。

种属不同与程度差异

1. 程度差异是指，两种事物之间，在某一特定方面，一种拥有得更多，一种拥有得更少。

（1）比如，长度不同的两条线只存在程度差异。

（2）同样，重量或复杂程度不同的两个大脑，也只存在程度上的差异。

2. 种属不同是指，两种事物之间，一种事物具有某种特性或属性，而另一种事物没有。

（1）比如，长方形和圆形存在种属不同，因为长方形有内角，而圆形则完全没有。

（2）同样，拥有大脑和中枢神经系统的脊椎动物，与那些完全没有这些器官的动物，就存在种属上的不同。

3. 表面上的种属不同是指，这种不同是以潜在的程度差异为基础，并且能以此来解释。

（1）比如，水和冰之间的明显不同（你可以在冰上行走，却无法在水面上行走），可以用组成它们的分子的运动速度的差异来解释，而这是一种潜在的程度差异。

（2）类似的，人类与其他动物之间的明显不同（很多事情都只有人类可以做到，而其他动物完全做不到），可能可以用人类与其他动物大脑复杂程度的差异来解释。如果事实确实如此的话，那么这种明显的种属不同，其实也不过是表面上的。

4. 实质性种属不同是指，这种不同无法通过任何层面上的程度差异来解释，而只能认为一种事物具有另一种事物完全不具备的因素。

（1）考虑一下植物与其他高等动物之间的不同。这种不同就是种属不同，因为动物可以进行的活动植物则完全不能。

（2）如果这种不同唯一的解释，是植物不像动物那样具有大脑和神经系统，那么这种不同就是实质性的种属不同，而非表面上的。

天使和人类

1. 我先说明一下，我希望你们只是把天使看作一种可能的存在——纯粹是假设的存在实体。至于宗教信仰中的天使是否真的存在，不在我们的讨论范围之内。

（1）作为一种可能的存在，天使纯粹是精神性的。我们对他们的兴趣，也正是在于他们被看作没有躯体的思维。

①作为没有躯体的思维，他们仍然可以认知，可以表达意愿，可以去爱；只是其具体方式与我们人类不同。

②没有躯体会带来一系列重大的影响。

（a）他们不能通过经验来学习。

（b）他们没有想象力和记忆力，所以不能漫无边际地思考。

（c）他们的知识是直觉式的，来自被创造之初就内植于他们之中的先天理念。

（d）他们通过心灵感应进行沟通交流，而无须使用任何交流媒介。

（e）他们的思维绝对可靠、永不犯错，也永远不会休眠。

（2）考虑到这所有方面，天使这种没有躯体的思维，与人类的思维是完全不同的。因为人类思维直接与躯体相连接，而且其全部或部分功能依赖于躯体。

2. 你们可能质疑天使——只有思维没有身躯，只有思维没有大脑——存在的可能性。如果是这样，你们可能是一个唯物主义者。

3. 还有另一种与唯物主义者截然相反的极端观点。这种观点认为：人类思维是一种非物质性实体，是一种非物质性的力量；思维活动，即理性思考活动，并不需要大脑的参与。

（1）持这一观点者，古代社会有柏拉图，现代社会初期有笛卡儿。

（2）这种观点，犯了一种我所谓的天使型谬误。因为，这种观点把理性灵魂或人类智慧看作天使的化身。也就是说，人类的思维虽然与躯体相连，但其智力活动并不依赖于躯体，或者说并不需要躯体的参与。

（3）不用我解释你们也都知道，柏拉图和笛卡儿这种视人类思维为天使化身的观点，是与已证实的证据相抵牾的，因此也是必须被否定的。毕竟你们都深知人类思维活动对大脑功能和活动的依赖，以及大脑病理学对人类思维的影响。

（4）我只想再补充一点，纯粹从哲学的角度看，将思维或灵魂与躯体对立起来的心物二元论，是站不住脚的。

① 它否认了人类的统一性，把人类变成了由两种独立的物质共同构成的二元体，就像船与划船的人相互独立一样。在这种情况下，当一方不复存在时，另一方仍可继续存在。从存在的角度看，二者是截然不同的，是可以相互分离的，但人类的思维与大脑并非如此。

② 它留给我们一个扑朔迷离的谜团：为何人类思维应该与人类躯体存在某种关联？

人类、其他动物、智能机器

1. 毫无疑问，在很多行为特征上，我们人类与其他动物只存在程度差异。

2. 同样毋庸置疑的是，人类的大脑与其他高等哺乳动物的大脑之间的差异也只是程度上的——复杂程度的差异，脑重与体重比率的差异。

3. 但是，人类大脑与其他动物的大脑，是否也存在种属的不同呢？我想把这一问题留给大家来回答。

（1）例如，大脑的左半球与右半球的非对称性是人类所特有的吗?

（2）人脑皮质的这种不对称似乎与运动性语言中枢有关，而动物大脑中缺少这种类似于运动性语言中枢的部分，这是否构成了种属不同呢?

（3）人脑的前半球非常巨大，这是否也意味着神经系统上的种属不同呢?

4. 无论你们的答案是什么，都请同时考虑一下我下面将要谈到的，人类与野兽之间在行为表现上的种属不同。

我认为，人类与动物之间的下面这些行为的区别，属于种属不同，而非程度差异。暂且不论这些种属不同是表面上的还是实质性的。

① 动物只能进行感性思维，而人类还可以进行概念性思维，这是动物完全无法做到的。

（a）由概念和语法组成的人类语言，有指涉各种无法认知、不可想象事物的词汇，以及人类学习语言的方式，都证明了上述论断。尽管人类最近能把黑猩猩和瓶鼻海豚训练得会“说话”，也无法否认这一点。

（b）动物的感性思维尽管涉及感性的抽象化和概括化，却无法理解那些无法感知或者感知上不存在的物体。

（c）与此完全相反的是，人类的概念性思维不仅能理解感知上不存在的物体，而且能够理解完全无法感知到的物体，比如天使。

② 感性思维与概念性思维的基本差别，以及只有人类拥有概念性思维这一事实，还能够对人类与动物行为的其他很多差异做出解释。

（a）人类是唯一具有悠久的历史传统和广泛的文化传统的动物，而其他动物只有代际连续遗传的基因而已。

（b）人类是唯一会为自己构建的各种组织，制定法律和章程的动物。

（c）人类是唯一能制造机器，并通过机器进行生产的动物。

（d）以上这些行为，以及其他类似的行为，都离不开概念性思维和概念化语言。

5. 关于人类与动物的行为是否存在种属不同这个问题，如果我的观点是正确的话，那么，我们接下来必须面对的问题就是：这一种属不同是实质上的不同还是表面上的不同？这一不同，能否通过人类与动物之间的程度差异来解释呢？如果能，那这种不同就只是表面上的；如果不能，那这种不同就是实质上的。

（1）要想得出人类与动物行为的差异是表面上的种属不同这一结论，还有一个条件必须满足。人类与动物的大脑之间存在的程度差异，必须能够充分解释人类行为与动物行为之间显而易见的种属不同。

（2）我们暂时把这个问题搁置一边，先来探讨一下人类思维与人工智能机器的关系——这种智能与人类智能仅仅存在程度上的差异。

（3）之所以这样做，是因为它与我们今天讨论的根本问题有着非常关键的联系。

6. 这里，我需要着重指出的是，人脑与人工智能产品的区别在于，后者是纯粹的电路网络，而人脑则是“化工厂”与“电路网络”的结合体，而且大脑内的“化学反应”与“电活动”密不可分。

（1）最近三十年来人类取得的极其非凡的研究成果表明，神经递质之类的化学物质对人脑活动是多么重要。

（2）而这些，到目前为止，在人工智能机器的运作机制中是不存在的；尽管现在也出现了一些新的趋势，去创造所谓的“湿性计算机”。

（3）但在这种计算机出现之前，人脑与电脑之间仍旧存在种属不同。哪怕这种机器的电子单元和电子连接点数超过10的10次方级，达到10的11次方级，这种种属不同也不会消失。

（4）如果“湿性计算机”的梦想无法完全实现，神经生理学有一天能够解释人类的思想，但是我们却永远也无法制造出一台像人类那样思考的机器，无论这种机器在电力学上多么复杂，多么精密。

（5）我们能够训练狗和马，让它们做出极其复杂的不可思议的动作，但这并不意味着它们拥有令人惊奇的非凡智能。

（6）因此，我们同样可以通过编程，让电脑做出更加复杂、更加令人赞叹的把戏，甚至可能达到对人类思维以假乱真的不可思议的程度。但即便如此，那也不意味着电脑具有了人类的思考能力。

（7）如果人类与野兽的区别，仅仅在于神经系统的相对大小和复杂程度，那么，借助大脑中化学物质的相关制品，湿性计算机倒真有可能像人类一样思考。甚至，如果未来的湿性计算机的电子单元和电子连接点数超过 10 的 10 次方级，达到 10 的 11 次方级，超过人脑的元件数量，而且具有类似于人脑内全部化学物质的运行机制，那么，这种电脑可能将比人脑表现得更好。

（8）但是，如果人类与动物的区别，不只在于相对于身体大小和体重的大脑重量和复杂程度上的数量差异；如果恰恰相反，动物的感性思维能力与人类的概念性思维能力的差异，源自人类具有的某种非物质性因素——人类智能，其与大脑合作——但其运行又不能被简单地归为大脑活动；那么，任何电脑，不论其元件多么复杂，也不论其中的化学作用多么完美地辅助电路系统，也都永远不可能像人类那样思考，像人类那样进行概念性思维。

（9）就像笛卡儿在几个世纪前说的那样，物质不能思考。人类能够制造的最好的电脑，电子性的也好，化学性的也好，都永远不过是一堆物质。

（10）也正因为这样，艾伦·麦席森·图灵提出的检验电脑能否像人类一样思考的测试，才那么有趣，意义重大。

（11）这个试验回应了笛卡儿，他曾向同时代的唯物主义者发起挑战，驳斥了他们提出的制造一种能够智能地思考的机器的观点。

7. 据我所知，图灵测试是唯一一个旨在判断电脑能否像人类一样思考的重要试验。顺便说一句，图灵是一位有点疯狂的英国天才，正是他破解了德国的恩尼格玛密码。

（1）图灵测试是以下面这个游戏为模型的。

① 一名问话者站在屏风前面，一男一女站在屏风后面。

② 问话者向他们提出问题，他们写出答案，然后问话者根据他们的答案，判断哪份答案来自男性，哪份答案来自女性。

③ 屏风后的两人必须绞尽脑汁去蒙骗问话者，如果他们充分发挥智力作用，就会成功。

④ 从问话者的角度看，他的判断几乎就是猜测——五成的概率猜对，五成的概率猜错。

（2）然后，图灵说道，把屏风后面的一男一女换成一个人和一台电脑，在电脑上安装图灵所谓的婴儿级或初级程序。

（3）为了理解这种机器程序的局限性，不管其多么精妙，多么复杂，我们都有必要先阐释一下高等哺乳动物和人类所具有的两种先天禀赋。不同于高等哺乳动物或人类，昆虫那种本能式的行为模式，更类似于机器中安装的婴儿级程序所具备的先天禀赋。

（4）人类与高级哺乳动物都具有两种先天禀赋。

①第一种禀赋可以被称为“程序化”，“程序”这个词语是从计算机技术中借鉴过来的。

（a）程序化禀赋是指，面对刺激，动物会做出确定的、预设的反应。

（b）拥有非常精细的本能行为模式的昆虫，有这种先天禀赋的程度非常高。

（c）相比昆虫，高等哺乳动物更少拥有这种本能行为模式。

（d）相比昆虫和高等哺乳动物，人类具有的这种禀赋最少：从严格意义上说，人类没有本能。他们的先天程序化禀赋，只有为数不多的脊髓反射和脑干反射。

②第二种先天禀赋是一种非确定性的能力或力量，取决于学习和习惯的形成。在出生时，以及在通过学习和习惯的养成等途径将其固化之前，这种先天禀赋是不确定的。也就是说，它们不会倾向于产生某种类型的确定行为，而不是其他类型的行为。

（a）高等哺乳动物天生具备这种能力，而且能够学习，以及养成习性。人们对宠物的训练就是最明显不过的证明。

（b）人类所拥有的这种先天禀赋程度最高：他们是优秀的学习型动物，他们出生后的行为模式，很大程度上源自这种依赖学习和习惯养成的先天禀赋的决定性发展。

（c）因此，举例来说，人类的婴儿天生具有学习所有语言的能力，而且并不具体指向学哪种语言。人类也天生就有能力去思考所有可以思考的东西。

（5）下面我们再来看看人类与机器。与人类和高等哺乳动物不同，人工智能机器只有一种原生的禀赋，图灵称之为婴儿级的或初级的程序。

① 这种程序，让机器总能也只能产生确定的、预设的行为。机器的这种程序化的表现，非常类似于昆虫那种精确的本能表现，或者高等哺乳动物和人类对刺激的非条件反射。

② 就像休伯特·莱德勒·德莱弗斯在其著作《计算机不能做什么》中所指出的，机器程序赋予机器的先天禀赋，只能使机器做出设定好的、确定性的表现，而绝

不会使机器产生某种取决于学习和习惯养成的非确定性的能力。

（a）对于动物来说，这种学习和习性的养成，是由环境决定的。

（b）而对于人类来说，它既受到环境的影响，也受个人的自由选择的影响。

③ 引用一句德莱弗斯教授的观点“非程序化的人类能力，与所有的智能行为都有关联”，而这种非程序化的能力，恰恰是无法被植入机器中的。

（6）正因如此，人工智能机器的初级或婴儿级程序，永远也不可能通过图灵测试。

① 无论这种程序多么强大，假设能让机器对 N 个问题（N 可以是任意大的有限数字）给出预设的回答，那么也总会有第 N+1 个问题超出机器预设的问答范围。这样一来，问话者就可以识别出屏风后面的机器，因为屏风后面的人类能够回答那第 N+1 个问题。

② 当然了，未来某一天，机器也有可能被赋予第二种先天发展能力，也即那种非确定性的能力，可以通过学习、习惯养成、环境的影响或自主的选择固定下来的能力。

③ 我认为——德莱弗斯持有相同的观点——这种情况几乎是不可能存在的。但是我们能够通过经验验证这种不可能的唯一方法就是，人工智能专家们屡败屡试，尝试的次数越多，失败的次数越多，他们成功的可能性就越小。

8. 如果事实正如我想的那样，机器的表现不可能和人类的表现一模一样，那么，我们就能在实证基础上得出结论：人类独特的表现形式，不能仅仅归因于人脑的电化学动力。

（1）如果不是这样，那么未来的机器就可以被赋予比人脑更强大的电化学动力，从而表现得超越人类，并且是以一种与人类行为模式完全无差别的模式。

（2）如果是这样的话，结论就证实了亚里士多德和阿奎那的哲学判断：大脑只是人类思维的必要不充分条件。没有大脑，我们无法思考；但是我们并不是只利用大脑进行思考。我们思考，利用的是一种本质上具有非物质性的力量——人类智慧的力量。

（3）而如果我的观点被证明是错误的——只有未来才能证明——那么，我也做好了准备，承认机器可以像人类那样思考，承认物理过程，无论是纯粹的电子过程还是电化学过程，都能对人类的概念性思维和动物的感性思维做出充分的解释。

9. 在谈论下面的内容之前，我想提醒大家注意三点事项，它们与我们关于图灵测试的讨论有关，或由其引发。

（1）第一点是一件历史事实。17 世纪的哲学家笛卡儿早在图灵之前就提出了一个类似的试验，以证明机器及动物——他认为动物不过是具有意识和大脑却没有智力的机器而已——不能思考。那个试验也是一种对话式试验。笛卡儿认为，人类永远都不可能制造出这样一种机器，它能够像两个人一样，进行一场有问有答、你问我答式的无限灵活、完全无法预测的对话。

（2）不管笛卡儿的预言能否成真，人类未来能否制造出真正的图灵机，但有一点确定无疑，任何会说话的黑猩猩或海豚，都不可能凭借它们的符号语言，在屏风后面完全像人类那样成功通过图灵测试。

（3）人类与野兽的种属不同，到底是表面上的不同还是实质性不同，这取决于你们是否相信，在未来某天，神经生理学能够对人类可以成功通过图灵测试的原因做出合理的解释。

① 假如真的能够给出解释的话，那么人类的这种成功，是否完全归因于人脑的能力呢？

② 或者，还需要其他因素——某些非物质性的因素，比如笛卡儿所说的人类智力因素——来解释呢？

思维与大脑

1. 关于人类思维或人类智力与人脑的关系，我们前面已经分析了两种极端对立的观点。

(1) 在其中一个极端，唯物主义者不仅否认非物质性存在及其能量和活动在真实世界中的存在，而且否认其存在的任何可能性。

① 根据唯物主义者的观点，大脑活动和大脑的运转过程，为包括人类的概念性思维和动物的感性思维在内的所有思维活动，提供了充分必要条件。

② 目前，这种观点被称为“同一性假说”。“同一性”这个词意味着思维和大脑是互为一体、不可分割的。“假说”这个词意味着，人们承认这一观点是仍未被证实的假设——在我看来，也是无法证实的。

③ 同一性假说包括两种形式，一种比另一种更极端。

(a) 更极端的那种形式，称为“还原唯物论”。这种观点认为，思维活动与大脑活动之间根本不存在任何可分辨的区别。

(b) 另一种不那么极端的形式——根据我的判断，这种观点与那些毫无争议的事实更加一致——承认，任何对大脑运转过程的描述与对思维过程的描述，总会存在可分辨的差别。这一点，无论是对动物的感性思维还是人类的概念性思维来说，都成立。这种不太极端的唯物论，尽管承认这种差别，但是仍然坚持认为，思维与大脑是互为一体、不可分割的；也正因为如此，大脑活动应该能够解释所有思维活动，不论是概念性思维活动还是感性思维活动。

④ 根据这种假说，不太极端的这种形式还是说得过去的，对人类智能和动物智能的所有方面，神经生理学都应该能够给出成功的解释。无论人类的思维活动走得多远，也应该能被解释得清楚明白。

(2) 在另一个极端，唯心主义者认为，大脑活动现在不能，以后也永远不可能对人类思维做出充分的解释。

① 根据这种观点，对思维活动来说，大脑活动既不是必要条件，也不是充分条件。

② 这种唯心主义者的观点，其最极端的形式体现于贝克

莱主教的哲学观点中。贝克莱主教否认任何物质的真实存在，因此，在他看来，人类不过是纯粹的精神性创造物，与天堂里的天使并无分别。

③ 唯心主义的这种极端观点，和唯物主义的极端形式一样，都是与毫无争议的事实相抵牾的。因此，我们应该毫不迟疑地抛弃这两种极端观点。

④ 唯心主义的一种不太极端的观点，我们前面已经谈到过，是柏拉图和笛卡儿所持的那种观点。这种观点认为，理性的灵魂或人类的智力，是被囚禁于人体躯壳的人格化的天使——一种纯粹的精神性实体，寄居在一个躯壳之内，而其基本的理性思维活动并不需要躯壳的辅助。

⑤ 但是有一个事实导致柏拉图和笛卡儿这一观点令人怀疑，而推翻某一观点，往往一个反例就足够了。我曾指出，天使从不睡觉，他们的智力活动永远处于活跃状态。而人类呢，却是睡了会醒，醒了会睡；他们的智力活动有时候是不活跃的。我们可能会时不时地做梦，但是我们并非总是处于思考状态。这一事实，有悖于笛卡儿和柏拉图对智能与人体和人脑关系的认识。

2. 在这两种各自包括诸多形式的极端观点之中，我认为只有一种观点完全符合我们已知的所有事实。它既符合我们对人类思维性质的认识，也符合我们对物质及其物理属性的局限性的认识。

（1）这一中间观点，是温和的唯物主义与同样温和的唯心主义的结合体。

（2）温和唯物主义指的是，承认同一性假说中不太极端的那种观点所持的两个原则

① 第一个原则认为，大脑运转过程和思维过程之间存在可分辨的差别；对它们其中一个的描述，不能代替对另一个的描述。

② 另一个原则是，大脑运转过程至少是思维过程发生的必要条件——这一点，极端唯心主义是反对的。

（3）我赞同的这一中间观点在某种程度上也是唯物主义。这种观点承认，无论是人还是其他动物，其感性思维的各个方面，包括感知、想象、记忆，以及情感、激情和欲望等所有这些活动，能够或者有朝一日将会被神经生理学彻底解释清楚。人类和其他动物的任何行为或思维活动，都不存在任何非物质的或精神性的因素。

（4）这一中间观点的非唯物主义——只是适度的非唯物主义——之处可概括为：人类思维（独特的概念性思维）

现在不能，以后也永远不可能通过大脑活动来解释；人类的自由意志——人类所独有的选择的自由——也永远无法从物理学原因或物质微粒运动的角度来解释。

① 换句话说，如果没有感知、想象和记忆这些感官和大脑的活动，就不可能存在概念性思维。

② 精神疾病、智力障碍、各种类型的失语症、老年痴呆等，这些都明白无误地显示出大脑在思维活动中的作用。但是，这种作用非常有限。

（5）或许，这一中间观点最精确的概括应该是这样的。

① 我们观看时，用的是眼睛和大脑视觉皮层；我们倾听时，用的是耳朵和大脑听觉皮层。

② 但是，我们思考问题时使用的是什么器官呢？负责概念性思维的器官是什么？这一中间观点给出的答案是：不是大脑。尽管离开大脑，我们无法进行概念性思考；但是，我们进行概念性思考时，使用的却不是大脑。

③ 简而言之，大脑只是概念性思维的必要条件，而不是充分条件。也正是这一关键点，把中间观点与唯心主义者的那种不太极端的观点或非同一性假说——柏拉图和笛卡儿的观点区别开来。

④ 这意味着，概念性思维和自由选择的形成，是一种非

物质性的因素或能量——人类智力和意志——与人类躯体相互合作、共同作用的结果。

⑤ 而且，如果这一点如我所料是正确的话，就意味着人类与其他动物——更不用说机器——之间的种属不同，是实质性的种属不同，而不是表面上的种属不同。

⑥ 这也同样意味着，人类处于肉体生物与精神存在之间的交界线上。这种精神存在包括天使和上帝，不管他们被看作可能的存在还是真实的存在。

⑦ 但是，处于交界线上的人类并非骑墙而立，像柏拉图和笛卡儿希望人们相信的那样，一只脚在这边，另一只脚在那边，横跨于这条物质与精神的分界线。人类主要居于肉体界，但是他们凭借非物质性的智力能量，能够到达另一侧的精神世界。

总结性感想

1. 请允许我谈几点总结性的感想。我比较确信的，只有以下两点。

(1) 不承认大脑在人类思维中具有必不可少的作用就犯了天使型谬误，是绝不可接受的。

（2）唯物主义那种拒绝接受诸如人类的智力等精神实体和非物质性能量存在的观点，也是必须被抛弃的。

2. 我不那么确信的是，基于我知道的一切，我相信，大脑活动本身不能也完全不可能对概念性思维做出充分的解释。这是因为，这类思维的基本特征超越了所有的物质条件。关于这一点，最清晰、最明显的证据就是，人类思维能够想象出那些完全无法感知的、完全难以置信的事物。

3. 我们能得出什么结论呢？我认为，有以下两个结论。

（1）我们关于大脑和神经系统的知识，能够或者有朝一日能够对所有方面的动物行为、动物智能和动物思维——所有这些都低于概念性思维水平——做出满意的解释。

（2）目前，这些知识有助于我们对人类思维活动做出解释，而且在未来还将提供更大的帮助。但是，神经生理学可能永远也无法对概念性思维和自由选择做出一个令人完全满意的解释。

备注

讲座结束后的讨论环节，听众提出了不少问题，通过这些问题，我把这次讲座的要点做了进一步的整理，归纳为下面两个假设性命题。

1. 如果人类比动物高等，他们的大脑比动物的更大、更复杂，那么，电脑总有一天会比人类更高等。
2. 如果人类能够做到动物完全做不到的事情，只是因为人类智力的非物质性，那么，电脑永远也不可能做到那些把人类与其他动物从根本上区别开来的事情。

上面的第二个假设性命题，其前提条件可以通过形而上学的论证方法来证明。既然不大可能说服那些坚信第一个假设命题的前提条件的唯物主义者，那么我们面临的问题可以按下列方式进行实证试验来解答。

让电脑技术专家们尽可能地制造能够完全像人类那样进行对话的电脑。他们每尝试一次，就失败一次，那么从形而上学的角度论证他们永远不可能成功就越来越有可能是正确的。而万一他们成功了，那就推翻了形而上学论证。当然，到底哪种观点正确，只有未来知道。

附录二

青年研讨课——基础教育的根本

（节选自发表于《美国学校管理委员会杂志》1982 年 1 月刊的一篇文章）

1

如果要举行一次针对年轻人的研讨课程，旨在通过名著及伟大观念来培养他们的智力素养和哲学思维，那么有什么要素是基本的呢？我首先会列举一些必须具备的外部条件；然后，我将简单描述一下，老师——或者换个更贴切的说法，研讨课主持人——必须做的一些事项。

（1）上课学生人数不应超过 20 或 25 人，年龄应在 12~18 岁，且都应具备六年级以上阅读水平。

（2）一堂课至少要两个小时，不能以通常的 50 分钟一堂课的方式来进行。

（3）参加者应围坐在一张中空方形桌子周围，桌子要足够大，每个人都能坐得舒服，都能看到彼此和主持人，都既能同左右两边的人交谈，也能同桌子对面的人交谈。这类研讨课，不能像在普通教室中那样，老师站在教室前面，学生成排坐在老师面前。

（4）所谓的老师或讲师，不能把自己视为寻常意义上的老师或讲师。如果那样做的话，必将面临惨痛的失败。因为，研讨课要成功，参与者之间必须平等地进行讨论，讨论的领导者或主持人只在下面几个方面显出他的优越性：年长一些；读的书更多，是一个更好的读者；头脑更加训练有素。

但是，以上这些优越性绝不可以表现得过于明显，否则，本该平等讨论的研讨课，就会沦为说教式的教学活动，老师单方面地把自己所掌握的知识、自己的理解灌输给学生，就好像学生坐在那里，就是为了毫无质疑地去全盘接受他的观点。

讨论的领导者或主持人必须模仿苏格拉底——尤其是他那精心设计的反问。对于讨论中的基础性问题，苏格拉底往往装作不知道答案，和他的学生一起，不断地提出质疑，而他就是其中最主要的质疑者。

（5）这种研讨课所需要的阅读材料，必须满足以下条件：

①不能类似于教材，而应超出学生们的水平，他们只有通过一系列的努力及拓展，才能理解；②篇幅不宜太长，基本不能超过50页，一般要少于30页，以便学生们能够反复仔细阅读，并进行标记和注释；③阅读材料应短小精悍，内容丰富，如此文中讨论的话题和引出的问题才足够支撑两个小时的讨论；④因此，它们本质上都应是哲学类著作，而不能仅仅是科普类或资讯类著作，也就是说，书中谈到的思想和提出的问题，无法通过实证或实验研究，或通过历史研究，或通过查找百科全书等手段来得到解答，换句话说，阅读和讨论的目的，是提高理解能力，而非掌握更多知识。

如果以上这五个外部条件无法全部满足，开办这种研讨课就无任何意义可言。

如果学校管理体制非常僵化死板，不愿打破常规，改变那种在普通教室进行的50分钟的死板模式，这种学校也不适合开办这种研讨课。

如果老师都不愿意放弃寻常意义上的老师身份（灌输式教学而非提问式教学），或者老师们都不愿意模仿苏格拉底，那么也完全没必要尝试这种研讨课。

我非常担心，很多学校——非常多——都不能或不愿满足我提出的这些条件。但是，在美国，也没有任何一所学校是一个条件都不具备，或者全都无法做到的。无论在哪种学校制度下，都会有足够多的学生通过参加这种研讨课而获益匪浅，而符合条件的阅读材料更是非常容易获得。

2

下面我将谈谈问题的核心。如果我前面提到的那些外部条件都已经全部满足，接下来要特别强调的就是主持人的角色定位。他应该做什么？具体应该如何做？

（1）最重要的一点是，主持人必须为研讨课提前做足功课，对布置的阅读材料要尽可能仔细地阅读，手不离笔，划出所有关键词，并将其准确含义牢记于心；标注出所有这些句子或段落——精练地陈述全文基本命题，论证该命题或针对该命题提出问题的；在书页的空白处做各式笔记，记下全文各部分之间的起承转合、相互关系。

（2）关于讨论材料的各种要点、问题、议题等，主持人可能随时有新发现，必须把所有这些新发现随时记下来，以便用作课堂讨论的材料。

（3）仔细检查这些笔记，筛选出少数几个问题，加以精心措辞，作为两个小时讨论的基础。有时，一个问题就足以支撑满满两个小时；有时，可能需要三四个问题，一般不会超过五个。

如果问题多于一个，必须合理排列顺序，第一个问题开篇明义，继而引出第二个问题；第二个问题又能进一步引出第三个问题；如此等等。另外，这些问题应该是班里的每一个学生都可以回答的；对于讨论开端的第一个问题，最好是让全体学生顺着座位一个接一个地回答。

（4）主持人一定不能满足于学生的回答，必须总是问一句："为什么？"给出任何答案都应说明理由，否则就不接受这个答案。

（5）主持人应禁止任何学生含糊其词，哪怕他似乎在边思考边回答问题，不能让学生信口开河，并心存侥幸，以为说不定哪几个词就回答到了点子上。

主持人应该毫不留情地要求学生在回答问题时，措辞严谨，切中肯綮；表述应该不存在任何语法错误；表述应该是清晰完整的句子，甚至是精心组织的段落。

最重要的是，主持人绝不能允许学生模棱两可、含糊不清地使用某一个关键性词语。虽然任何人都不可能规定某个词语具体该怎么使用，但是，如果两位学生用同一个词表达两种不同的意思，或者某位学生使用某个词表达的意思与文章作者或主持人使用该词表达的意思完全不同，那么，必须在进一步讨论之前，将这一词语的含义差异明确无误地区别、标记出来。

（6）主持人应坚持要求学生有针对性地回答问题。意思是说，学生在回答问题时，应紧扣问题核心，不能仅仅想到什么就说什么。

对学生提出的问题不能仅起到铃声的作用，只是提醒学生轮到他发言了，至于他说什么，则完全随意，丝毫不管他说的那些是不是问题的答案。

（7）如果从学生回答问题的情况看出他们并未真正理解问题，那么，主持人必须用尽可能多的表达方式重新表述问题，以期问题完全被所有学生理解。如果做不到这一点，那么继续下去将毫无意义。主持人可能需要用各种各样的具体案例来把问题阐释清楚。

用各种各样的表达方式来提问同一个问题，同时从不同角度举出大量案例，需要耗费主持人大量的精力。主持研讨课绝不是一项轻松、被动的活动，不是像担任大会主席那样，只需邀请大会参与人员随性发言即可，他们脑海里有什么就说什么。

（8）随着讨论的进行，同一问题会出现完全对立的答案。

这种时候，主持人必须确保每个人都明确无误地理解了大家所争论的问题。只有在问题清晰明了且每个人都充分理解的情况下，才有必要对此问题进行辩论。

为了便于问题的表述和辩论的进行，主持人最好使用黑板，用某种形式的示意图勾勒出问题的基本框架，并明确指出两种完全对立的立场，以便学生明确自己的立场或者自己所辩护的观点。

针对同一份阅读材料，主持人在主持过一次又一次的研讨课之后，便会提前知晓如何画这样一幅图，而且往往可以在讨论开始之前便在黑板上画好。当这种图以概略图的形式出现时，往往会用上一些符号，对初次见到它们的学生来说，就像象形文字一样难以辨认，随着讨论的深入，他们才会逐渐理解。

（9）在研讨课上，不应试图得出一个大家一致认同的最终结论。相反，研讨课留给学生的，应该是对需要回答的问题及需要解决的难题的深刻理解。无论这个或那个答案多么正确，多么深刻，都不重要，真正重要的是对问题的理解，以及对这些问题引出的各种答案的理解。

（10）如果研讨课包括一系列课程，那么前一次课上达成的各种理解，应作为后续课程中解决问题或争议的基础。由此可见，事先对多份阅读材料进行合理排序，与遴选阅读材料同等重要。

（11）主持人在与学生们交谈时，切不可高高在上，或者像 50 分钟课堂内端坐在前方讲台上的老师那样对待学生。当有人正竭力去理解一个对包括主持人在内的所有人来说都有难度的问题时，主持人必须尽最大努力理解他的所思所想，哪怕他非常年轻。

（12）主持人必须对在座的每一个人有耐心、有礼貌，就像在晚宴上对待自己的客人那样。主持人应以身作则，在智力活动的礼仪方面做出表率，成为可供学生们模仿的榜样。最为重要的是，在主持讨论的整个过程中，主持人应始终保持微笑，并尽可能多地笑出声来。毕竟，没有什么比在风趣和欢笑中学习，更富有成效了。

3

下面是一份阅读材料清单，大体是以时间顺序排列。大家可以根据研讨课的期数来决定具体篇目和阅读顺序。

- 柏拉图：《申辩篇》；《理想国》第一卷、第二卷

- 亚里士多德：《伦理学》第一卷；《政治学》第一卷（同时阅读卢梭的《社会契约论》第一卷）
- 马可·奥勒留：《沉思录》（同时阅读爱比克泰德的《手册》）
- 卢克莱修：《物性论》第一至四卷
- 普鲁塔克：《希腊罗马名人传》中亚历山大和恺撒的传记
- 奥古斯丁：《忏悔录》第一至八卷
- 蒙田：《蒙田随笔》（精选几篇，篇幅应短小）
- 马基雅维利：《君主论》（精选几章，篇幅应短小）
- 洛克：《政府论》下篇，第一至四章
- 《独立宣言》、《美国宪法·序言》及林肯的《葛底斯堡演说》
- 汉密尔顿、麦迪逊、杰伊：《联邦党人文集》第一至十章
- 约翰·斯图亚特·穆勒：《代议制政府》（精选几章）
- 麦尔维尔：《水手比利·巴德》（同时阅读索福克勒斯的《安提戈涅》）